100日で
ネイティブのように話せる
韓国語文法

音声解説
付き 🔊

カン ミング 著

JN039847

KADOKAWA

はじめに

文法はよく使う会話表現から直感的に身につけるべき

　以下に1つでも当てはまる方、この「はじめに」を読むだけで得した気分になると確信しています。

- 韓国語の勉強を始めたいけど、どこからどうすればいいのか分からない。
- 勉強から離れてしまい、勉強の仕方が分からない。
- 初級の本を繰り返し勉強していて、なかなか先に進めない。
- 勉強を続けているものの、いざ韓国で話そうとしたら全然喋れなかった。
- 勉強の効率を高め、韓国語をすぐに身につけたい。

　どうでしょう、当てはまる悩みがありますか？　新たに言語を習得するのは、簡単なことではないです。しかし、

あなたが日本語で話せる方なら、
100日で韓国語をネイティブのように話せるようになります。

　それはなぜか？　理由はとってもシンプルです。

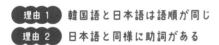

理由 1 韓国語と日本語は語順が同じ
理由 2 日本語と同様に助詞がある

　何か特別な理由を聞きたかった方は、ありきたりな回答にがっかりしたかもしれませんが、ここからあなたが持っている韓国語に対する考え方を変える自信があります。

　まず、次のように単語を適切な助詞とともに、日本語と同じ順番に並べれば、韓国語の文を作ることができます。

저는　내일　한국에　가요.
↓　↓　　↓　　↓　　↓　　↓
私　は　明日　韓国　に　行きます。

　最後の単語"行きます" =「가요」に注目してください。日本語で話すとき、「欲求」「希望」「願い」「同意」「否定」「確認」「決定」など、場面によって単語を変換して使っていますよね？　例えば、「ある行動をすると決めたとき」は、"する"という単語を、"することにした"に変換して使っています。

　このように、場面別に単語を変換するのは韓国語も同様です。ですので、韓国語を身につけたい皆さんがするべきことは決まっているのです。

❶ 単語を覚える
❷ 覚えた単語を、"場面別"に変換して使えるようにする

가다　→　가기로 했어요.
行く　　　　　行くことにしました。

　これが、韓国語で話せるようになる方法です。実にシンプルですよね。実際、ほとんどの教科書はこういった流れを前提に作られています。しかし、「文型」「語幹」といった難しい文法用語で説明されているため、難しく感じながら学習している方が多いと私は感じています。

　また、「입니다（〜です）」、「습니다（〜です・〜ます）」が、初級の本でよく登場するように、レベルによって紹介される文法はある程度決まっています。ですが、会話で使う表現に初級・中級・上級の順番は関係ありません。本書は普通なら中級・上級で学ぶ表現がたくさん登場します。なぜなら、

**韓国人が実際によく使っている表現から身につけることが、
あなたの韓国語の実力を上げる近道になり、自信に繋がるからです。**

　「私はまだ初級だから、この本で勉強するのは早いかな？」と思う方、そんな不安は捨ててください。

申し遅れましたが、私はカン ミングと申します。韓国語教室の代表・韓国語講師として活動するかたわら、YouTubeを通して韓国語を教えています。2020年から毎週、韓国語レッスンのLIVEを続けています。毎回500〜700人の視聴者が集まって下さり、一緒に楽しく韓国語を勉強しています。

　私は、本書を書き始める何年も前から、**韓国のアイドルが話す内容や、韓国ドラマでどんなセリフを言っているのか、どんな文法がよく使われているのか**を研究してきました。私より韓国語を上手に教える方もいらっしゃるかもしれません。ですが、顔を出して、韓国語のコンテンツだけで何年も教えている方は他にいないと思います。

　もしかしたら本書は、他の韓国語の教科書と比べて、解説がそこまで充実していないかもしれません。しかし、韓国語に初めて触れる方でも、**直感的に理解できる本**が存在すべきだと考えています。そこで本書は文法用語を使わず、**最低限の図解と音声で説明**しました。

　本書のアプローチの仕方に驚かれる先生もいらっしゃるかもしれませんが、韓国語を学ぶための1つの方法として、このような教え方もあるのかとご理解いただけたら幸いです。

　本書は、韓国語のドアを開き、広くて深い韓国語の世界に入る皆さんを案内する役割を果たします。でも、

そのドアの中を探検し、新しい道を切り開くのは、あなた自身です。

　この本を通して、皆さんが勇気と自信を持って韓国語の勉強ができますように。それでは、そのドアに向かって、一歩踏み出してみましょう！

カン ミング　강민구

音声を聞く方法

①パソコンで音声データをダウンロードする場合

https://www.kadokawa.co.jp/product/322303002013/

パスワード	ユーザー名
100day-bunpo	2i-bunpo

上記の URL へアクセスいただくと、データを無料ダウンロードできます。「ダウンロードはこちら」という一文をクリックして、ユーザー名とパスワードをご入力のうえダウンロードし、ご利用ください。

②スマートフォンで音声を聞く場合

abceed アプリ（無料）　Android・iPhone 対応
ご利用の場合は、QR コードまたは URL より、
スマートフォンにアプリをダウンロードし、
本書を検索してください。

https://www.abceed.com/

* abceed は株式会社 Globee の商品です
（2024 年 1 月時点）。

【注意事項】
- ダウンロードはパソコンからのみとなります。携帯電話・スマートフォンからのダウンロードはできません。
- 音声は mp3 形式で保存されています。お聞きいただくには、mp3 で再生できる環境が必要です。
- ダウンロードページへのアクセスがうまくいかない場合は、お使いのブラウザが最新であるかどうかご確認ください。また、ダウンロードする前に、パソコンに十分な空き容量があることをご確認ください。
- フォルダは圧縮されていますので、解凍したうえでご利用ください。
- 音声はパソコンでの再生を推奨します。一部ポータブルプレイヤーにデータを転送できない場合もございます。
- 本ダウンロードデータを私的使用範囲外で複製、または第三者に譲渡・販売・再配布する行為は固く禁止されております。
- なお、本サービスは予告なく終了する場合がございます。あらかじめご了承ください。

本書の特長と使い方

特長1 音声解説と図解で直感的に学習できる！

本書は難しい解説で挫折しないように、ミング先生の音声解説と図解で文字を少なめにして、感覚的に学べることをコンセプトにしています。始めは難しく感じるかもしれませんが、徐々にパターンが身について慣れると思いますので、前から読むことをオススメします。

ミング先生の音声解説
まずはここから聞いてみましょう。
先生と一緒に学習できます。

単語・例文の音声
右ページの音声マークは単語や例文を収録しています。

基本例文
文法を扱った代表的な例文です。「✓例文で確認しよう」の1文目と同じです。

✓ 練習してみよう
単語を変換する練習です。
不規則な変換は参照ページをご覧ください。

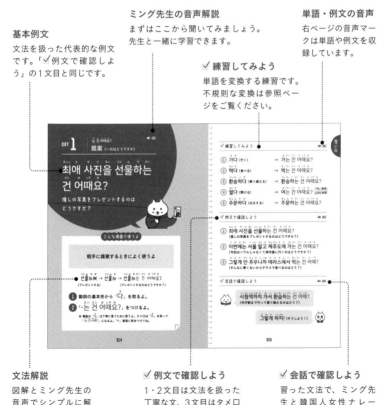

文法解説
図解とミング先生の音声でシンプルに解説をしています。

✓ 例文で確認しよう
1・2文目は文法を扱った丁寧な文、3文目はタメ口の文です。

✓ 会話で確認しよう
習った文法で、ミング先生と韓国人女性ナレーターが会話します。

特長 2　ネイティブが会話で使う文法から学習できる！

本書は楽しく学べるように、韓国ドラマや日常会話でネイティブがよく使う表現を選んでいます。巻末では文法を体系的に解説していますので、適宜使用してください。また、丁寧語とタメ口の両方の例文を掲載しています。

丁寧語　主に初対面の相手に使います。また、韓国は上下関係が厳しい社会なので、友人関係であっても、年上には丁寧語で話す場合が多いです。

タメ口　同じ歳や年下の人に使います。家族や恋人同士など親しい関係であれば年齢関係なくタメ口を使う場合もあります。

特長 3　1日1表現で、ふりがながあるから、無理なく学習できる！

時間が無い方、初心者の方でも少しずつ学習できるように、1日1つの文法をテーマにして、単語や例文にはふりがなをつけています。10日おきに簡単な復習ページを用意していますので、理解できたか確認しましょう。

復習ページ

目次

ウォーミングアップ

本書では下記の用語が登場します。サラッとで構いませんので一読してみてください。
ここですべて覚えなくても大丈夫です！

動詞　人や物事の動きを表します。

例： 가다 (行く) 하다 (する・やる) 먹다 (食べる) 놀다 (遊ぶ)
　　 カダ　　　　ハダ　　　　　モクタ　　　　　ノルダ

形容詞　人や物事の状態や性質を表します。

例： 크다 (大きい) 한가하다 (暇だ) 많다 (多い) 작다 (小さい)
　　 クダ　　　　ハンガハダ　　　　マンタ　　　チャクタ

名詞　人の名前や職業、物の名前などを表します。

例： 저 / 나 (私) 선생님 (先生) 모기 (蚊) 술 (お酒)
　　 チョ ナ　　　ソンセンニム　　モギ　　スル

ハングルの構成

ハングルには母音と子音が必要です。母音は右側・下側、子音は左側・上側にあります。
パッチムは母音と子音でできたハングルのさらに下側につく子音のことです。

例：

굿즈 (グッズ)
クッ チュ

남친 (彼氏)
ナ ム チン

살다 (住む)
サル ダ

주꾸미 (チュクミ)
チュ ック ミ

●子音　　●母音　　●パッチム

基本形 動詞と形容詞の基本になる形。「다」で終わります。

例：**가다** (行く) **먹다** (食べる) **바쁘다** (忙しい) **많다** (多い)
（カ ダ）　　（モク タ）　　（パップ ダ）　　（マン タ）

요体

日本語の「〜です・〜ます」にあたります。日常生活で主に使われ、親しみを感じさせます。語尾をサラッと上げて発音することで疑問形になります。作り方などは p245 参照。

例：**가요** (行きます)　　　　**떠들어요** (騒ぎます)
（カ ヨ）　　　　　　　　　（ットゥ ドゥ ロ ヨ）

만들어요 (作ります)　**만들어요?** (作りますか？)
（マンドゥロ ヨ）　　　　（マンドゥロ ヨ）

主語 動作を行う人（主体）を表します。

例：**전 잘 웃는 편이에요.**
（チョン チャ ルンヌン ピョニ エ ヨ）
（私はよく笑うほうです。）

人称

1 人称は、話し手自身、または自分自身を含めた複数人を指します。2 人称は、聞き手を指します。3 人称は、話し手・聞き手以外の人、または事柄に関することを指します。
韓国では、彼や彼女とはあまり言わず、名前を呼びます。

1 人称の例：**저는 하이볼을 마실 거예요.**
（チョヌン ハ イ ボ ルル マシル コ エ ヨ）
（私はハイボールを飲もうと思います。）

2 人称の例：**너 간장 게장 먹을 수 있지?**
（ノ カンジャン ゲ ジャン モ グル ス イッチ）
（君、カンジャンケジャン食べられるよね？）

3 人称の例：**민우 씨는 불러도 안 올 거예요.**
（ミ ヌ ッシヌン プルロ ド ア ノル コ エ ヨ）
（ミヌさんは呼んでも来ないと思います。）

제안 (〜のはどうですか)

최애 사진을 선물하는
チュェ エ サ ジ ヌル ソン ム ラ ヌン

건 어때요?
ゴン オ ッテ ヨ

推しの写真をプレゼントするのは
どうですか?

こんな場面で使うよ

相手に提案するときによく使うよ

ソン ム ラ ダ　　ソン ム ラ　　ソン ム ラ ヌン ゴン オ ッテ ヨ
선물하~~다~~ ▸▸ 선물하 ▸▸ 선물하는 건 어때요?

（プレゼントする）　　　　（プレゼントするのはどうですか？）

1 動詞の基本形から「**다**」を取るよ。
　　　　　　　　　　　　　タ

2 「**-는 건 어때요?**」をつけるよ。
　　　ヌン ゴン オ ッテ ヨ

★ 最後の「**요**」は丁寧に言うために使うよ。タメ口は「**요**」を取って
　　　　　ヨ　　　　　　　　　　　　　　　　　　　　　　　　　ヨ
　「**-는 건 어때?**」になるよ。「**ㄹ**」脱落に気をつけてね。
　　ヌン ゴン オ ッテ

☑ **練習してみよう** 🔊 002

(1) 가다 <ruby>カ<rt>カ</rt></ruby> <ruby>ダ<rt>ダ</rt></ruby> (行く) ▸▸ 가는 건 어때요?
カ ヌン ゴン オッテ ヨ

(2) 먹다 モク タ (食べる) ▸▸ 먹는 건 어때요?
モン ヌン ゴン オッテ ヨ

(3) 환승하다 ファン スン ハ ダ (乗り換える) ▸▸ 환승하는 건 어때요?
ファン スン ハ ヌン ゴン オッテ ヨ

(4) 열다 ヨル ダ (開ける) ▸▸ 여는 건 어때요? 「ㄹ」脱落
ヨ ヌン ゴン オッテ ヨ　　p266 参照

(5) 주문하다 チュ ム ナ ダ (注文する) ▸▸ 주문하는 건 어때요?
チュ ム ナ ヌン ゴン オッテ ヨ

☑ **例文で確認しよう** 🔊 003

(1) 최애 사진을 선물하는 건 어때요?
チュェ エ　サ ジ ヌル ソン ム ラ ヌン ゴン オッテ ヨ
(推しの写真をプレゼントするのはどうですか？)

(2) 이번에는 서울 말고 제주도에 가는 건 어때요?
イ ボ ネ ヌン　ソ ウル マル ゴ　チェ ジュ ド エ　カ ヌン ゴン オッテ ヨ
(今回はソウルじゃなくて済州島に行くのはどうですか？)

(3) 그렇게 안 추우니까 테라스에서 먹는 건 어때?
ク ロ ケ　アン チュ ウ ニッカ　テ ラ ス エ ソ　モン ヌン ゴン オッテ
(そんなに寒くないからテラスで食べるのはどう？)

☑ **会話で確認しよう** 🔊 004

시청역까지 가서 환승하는 건 어때?
シ チョン ニョク ッカ ジ　カ ソ　ファン スン ハ ヌン ゴン オッテ
(市庁駅まで行って乗り換えるのはどう？)

그렇게 하자! (そうしよう！)
ク ロ ケ ハ ジャ

커피를 마시는 대신에
홍차를 마셔요.

コーヒーを飲む代わりに
紅茶を飲みます。

こんな場面で使うよ

別の行動で代替・補足することを伝えるよ

마시<s>다</s> ▸ 마시 ▸ 마시는 대신에
（飲む） （飲む代わりに）

1 動詞の基本形から「다」を取るよ。

2 「-는 대신에」をつけるよ。

★「ㄹ」脱落に気をつけてね。

☑ 練習してみよう 🔊 006

① 퇴근하다 (退勤する) ▸▸ 퇴근하는 대신에
トゥェ グ ナ ダ　　　　　　　　　　トゥェ グ ナ ヌン デ シ ネ

② 도와주다 (手伝う) ▸▸ 도와주는 대신에
ト ワ ジュ ダ　　　　　　　　　ト ワ ジュ ヌン デ シ ネ

③ 안 올리다 (挙げない) ▸▸ 안 올리는 대신에
ア ノル リ ダ　　　　　　　　　ア ノル リ ヌン デ シ ネ

④ 읽다 (読む) ▸▸ 읽는 대신에
イク タ　　　　　　　　　イン ヌン デ シ ネ

⑤ 살다 (住む) ▸▸ 사는 대신에 「ㄹ」脱落
サル ダ　　　　　　　　　サ ヌン デ シ ネ　　p266 参照

☑ 例文で確認しよう 🔊 007

① 커피를 마시는 대신에 홍차를 마셔요.
コ ビルル マ シ ヌン デ シ ネ ホン チャルル マ ショ ヨ
(コーヒーを飲む代わりに紅茶を飲みます。)

② 오늘 일찍 퇴근하는 대신에 내일 일찍 출근해야 돼요.
オ ヌル イルッチク トゥェ グ ナ ヌン デ シ ネ ネ イル イルッチク チュル グ ネ ヤ ドゥェ ヨ
(今日早く退勤する代わりに明日早く出勤しなければいけません。)

③ 내가 숙제를 도와주는 대신에 설거지는 네가 해.
ネ ガ スク チェルル ト ワ ジュ ヌン デ シ ネ ソル ゴ ジ ヌン ネ ガ ヘ
(私が宿題を手伝う代わりに皿洗いは君がして。)

☑ 会話で確認しよう 🔊 008

> 결혼식 올리기로 했어?
> キョ ロン シク オル リ ギ ロ ヘッ ソ
> (結婚式は挙げることにした?)

아니, 안 올리는 대신에 신혼여행을 길게 가려고.
ア ニ ア ノル リ ヌン デ シ ネ シ ノン ニョ ヘン ウル キル ゲ カ リョ ゴ
(ううん、挙げない代わりに新婚旅行を長く行こうと思っている。)

이사하지 않고
イ サ ハ ジ アン コ

재계약하기로 했어요.
チェ ゲ ヤ カ ギ ロ ヘッ ソ ヨ

引っ越さないで
更新することにしました。

こんな場面で使うよ

2つの選択肢から
どちらか1つを選択するときに使うよ

이사하<del>다</del> ▸▸ 이사하 ▸▸ 이사하지 않고
イ サ ハ ダ   イ サ ハ   イ サ ハ ジ アン コ

（引っ越しする）   （引っ越さないで）

1 動詞の基本形から「다」を取るよ。
タ

2 「-지 않고」をつけるよ。
チ アン コ

☑ 練習してみよう 🔊 010

(1) 들르다 (寄る)　　▶▶ 들르지 않고
トゥル ル ダ　　　　　　　トゥル ル ジ アン コ

(2) 마시다 (飲む)　　▶▶ 마시지 않고
マ シ ダ　　　　　　　　マ シ ジ アン コ

(3) 입다 (着る)　　　▶▶ 입지 않고
イ プ タ　　　　　　　　イ プ チ アン コ

(4) 놀다 (遊ぶ)　　　▶▶ 놀지 않고
ノ ル ダ　　　　　　　　ノ ル ジ アン コ

(5) 돕다 (手伝う・助ける)　▶▶ 돕지 않고
ト プ タ　　　　　　　　　　トプ チ アン コ

☑ 例文で確認しよう 🔊 011

(1) 이사하지 않고 재계약하기로 했어요.
イ サ ハ ジ アン コ チェ ゲ ヤ カ ギ ロ ヘッ ソ ヨ
(引っ越さないで更新することにしました。)

(2) 다른 곳에 들르지 않고 바로 집으로 갔는데요.
タ ルン ゴ セ トゥル ル ジ アン コ パ ロ チ ブ ロ カン ヌン デ ヨ
(他の所に寄らないですぐ家に帰りましたが。)

(3) 술을 마시지 않고 안주만 먹었어.
ス ル ル マ シ ジ アン コ アン ジュ マン モ ゴッ ソ
(お酒を飲まないでおつまみだけ食べたよ。)

☑ 会話で確認しよう 🔊 012

수지 씨는 취활 안 해요?
ス ジ ッシ ヌン チュィ ファ ラ ネ ヨ
(スジさんは就活しないんですか？)

전 취업하지 않고 유학을 하려고 해요.
チョン チュィ オ パ ジ アン コ ユ ハ グル ハ リョ ゴ ヘ ヨ
(私は就職しないで留学しようと思います。)

019

結果・手段・持続（〜て・〜てから）

◀》 013

クロケ ヘ オ ジ ゴ ソ
그렇게 헤어지고서
フ フェ ハ ゴ イッ ソ ヨ
후회하고 있어요.

あんなふうに別れて
後悔しています。

こんな場面で使うよ

前の行動の結果や順番を表すよ

ヘ オ ジ ダ　　　ヘ オ ジ　　　ヘ オ ジ ゴ ソ
헤어지다 ▸▸ 헤어지 ▸▸ 헤어지고서
（別れる）　　　　　　　　　　　（別れて）

1 動詞の基本形から「다」を取るよ。
　　　　　　　　　　　　　　タ

2 「-고서」をつけるよ。
　　　コ ソ

☑ 練習してみよう　　　　　　　　　　🔊 014

1. 보내다 (送る)　　▶▶ 보내고서
2. 자르다 (切る)　　▶▶ 자르고서
3. 먹다 (食べる)　　▶▶ 먹고서
4. 받다 (もらう・受ける)　　▶▶ 받고서
5. 살이 찌다 (太る)　　▶▶ 살이 찌고서

☑ 例文で確認しよう　　　　　　　　　🔊 015

1. 그렇게 헤어지고서 후회하고 있어요.
   （あんなふうに別れて後悔しています。）

2. 창문을 열고서 보세요.
   （窓を開けてから見てください。）

3. 언니는 머리를 자르고서 데이트하러 갔어.
   （お姉さんは髪を切ってデートしに行った。）

☑ 会話で確認しよう　　　　　　　　　🔊 016

민서 씨가 없네요.
（ミンソさんがいませんね。）

급하게 먹고서 체해서 병원에 갔어요.
（急いで食べて胃もたれして、病院に行きました。）

021

条件（〜たらすぐ・〜てすぐ）

🔊 017

일 끝나는 대로
イル ックン ナ ヌン デ ロ

카톡할게요.
カ ト カル ケ ヨ

仕事終わったらすぐカカオトークします。

こんな場面で使うよ

前の行動の後に、
すぐ次の行動をするときに使うよ

ックン ナ ダ	ックン ナ	ックン ナ ヌン デ ロ
끝나~~다~~	▸▸ 끝나	▸▸ 끝나는 대로
（終わる）		（終わったらすぐ）

1 動詞の基本形から「**다**」を取るよ。
　　　　　　　　　　　　タ

2 「**-는 대로**」をつけるよ。
　　　ヌン デ ロ

★「**ㄹ**」脱落に気をつけてね。

☑ 練習してみよう　　🔊 018

(1) 도착하다 <small>トチャカダ</small> (到着する)　　▶▶ 도착하는 대로 <small>トチャカヌン デロ</small>

(2) 보다 <small>ポダ</small> (見る・観る)　　▶▶ 보는 대로 <small>ポヌン デロ</small>

(3) 들어오다 <small>トゥロ オダ</small> (入る・入ってくる)　　▶▶ 들어오는 대로 <small>トゥロ オヌン デロ</small>

(4) 찾다 <small>チャッタ</small> (探す・(辞書など)引く)　　▶▶ 찾는 대로 <small>チャンヌン デロ</small>

(5) 만들다 <small>マンドゥルダ</small> (作る)　　▶▶ 만드는 대로 <small>マンドゥヌン デロ</small>　「ㄹ」脱落 p266 参照

☑ 例文で確認しよう　　🔊 019

(1) 일 끝나는 대로 카톡할게요. <small>イル ックンナヌン デロ カトカルケヨ</small>
（仕事終わったらすぐカカオトークします。）

(2) 상품이 도착하는 대로 발송해 드리겠습니다. <small>サンプミ トチャカヌン デロ パルソンヘ ドゥリゲッスムニダ</small>
（商品が到着したらすぐ発送いたします。）

(3) 메시지 보는 대로 연락 줘. <small>メシジ ポヌン デロ ヨルラク チュォ</small>
（メッセージ見たらすぐ連絡してね。）

☑ 会話で確認しよう　　🔊 020

빌려준 돈 언제 갚을 거예요? <small>ビルリョジュン ドン オンジェ カプル コ エヨ</small>
（貸したお金、いつ返すつもりですか？）

월급이 들어오는 대로 갚을게요. <small>ウォルグビ トゥロ オヌン デロ カプルケヨ</small>
（お給料が入ったらすぐ返します。）

옷을 크게 입는 편이에요.

服をオーバーサイズで着るほうです。

こんな場面で使うよ

断定しないで、傾向があることを伝えるよ

입다 ▸▸ **입** ▸▸ **입는 편이에요**
（着る） （着るほうです）

1 動詞の基本形から「**다**」を取るよ。

2 「**-는 편이에요**」をつけるよ。

★タメ口は「-는 편이야」になるよ。「ㄹ」脱落に気をつけてね。

☑ 練習してみよう ◀» 022

(1) 웃다 _{ウッタ} (笑う) ▶▶ 웃는 편이에요 _{ウンヌン ピョ ニ エ ヨ}

(2) 먹다 _{モク タ} (食べる) ▶▶ 먹는 편이에요 _{モンヌン ピョ ニ エ ヨ}

(3) 자다 _{チャ ダ} (寝る) ▶▶ 자는 편이에요 _{チャヌン ピョ ニ エ ヨ}

(4) 안 사다 _{アン サ ダ} (買わない) ▶▶ 안 사는 편이에요 _{アン サ ヌン ピョ ニ エ ヨ}

(5) 만들다 _{マンドゥル ダ} (作る) ▶▶ 만드는 편이에요 _{マンドゥヌン ピョ ニ エ ヨ} 「ㄹ」脱落 p266 参照

☑ 例文で確認しよう ◀» 023

(1) 옷을 크게 입는 편이에요. _{オ スル ク ゲ イムヌン ピョ ニ エ ヨ}
（服をオーバーサイズで着るほうです。）

(2) 전 잘 웃는 편이에요. _{チョン チャ ルンヌン ピョ ニ エ ヨ} (私はよく笑うほうです。)

(3) 배달 음식을 자주 시켜 먹는 편이야. _{ベ ダ ルム シ グル チャ ジュ シ キョ モンヌン ピョ ニ ヤ}
（出前をよく頼んで食べるほうだよ。）

☑ 会話で確認しよう ◀» 024

일찍 자는 편이에요? _{イル ッチ チャ ヌン ピョ ニ エ ヨ} (早く寝るほうですか？)

아니요, 늦게 자는 편이에요. _{ア ニ ヨ ヌッ ケ チャ ヌン ピョ ニ エ ヨ}
보통 2시 넘어서 자요. _{ボ トン トゥシ ノ モ ソ チャ ヨ}
（いいえ、遅く寝るほうです。普段2時過ぎてから寝ます。）

최애 얼굴은
チュエ エ オル グ ルン

주먹만 해요.
チュ モン マ ネ ヨ

推しの顔はこぶしくらいです。

こんな場面で使うよ

他の対象と比較して同じくらいで
あることを表すよ

주먹 ▸ 주먹만 해요
チュ モク   チュ モン マ ネ ヨ
(こぶし)   (こぶしくらいです)

1 名詞の後ろに「-만 해요」をつけるよ。
マ ネ ヨ

★タメロは「-만 해」になるよ。
マ ネ

☑ 練習してみよう　🔊 026

① モ ギ ソ リ
모기 소리 (蚊の音)
　▸▸ モ ギ ソ リ マ ネ ヨ
모기 소리만 해요

② チュィッコ リ
쥐꼬리 (ネズミのしっぽ)
　▸▸ チュィッコ リ マ ネ ヨ
쥐꼬리만 해요

③ チョ
저 (私)
　▸▸ チョ マ ネ ヨ
저만 해요

④ セ ッキソン カ ラク
새끼손가락 (小指)
　▸▸ セ ッキソン カ ラン マ ネ ヨ
새끼손가락만 해요

⑤ イ
이 (この)
　▸▸ イ マ ネ ヨ
이만 해요

☑ 例文で確認しよう　🔊 027

① チュエ エ オル グルン チュモン マ ネ ヨ
최애 얼굴은 주먹만 해요.
（推しの顔はこぶしくらいです。）

② ア ネ エ モク ソ リ ヌン ノ ム チャ ガ ソ モ ギ ソ リ マ ネ ヨ
아내의 목소리는 너무 작아서 모기 소리만 해요.
（妻の声は小さくて蚊の音のようです。）

③ ウ リ フェ サ ウォル グ プン チュィッコ リ マ ネ
우리 회사 월급은 쥐꼬리만 해….
（うちの会社の給料はネズミのしっぽくらい少ないんだよ…。）

☑ 会話で確認しよう　🔊 028

ナム ドン セン ド キ ガ コ ヨ
남동생도 키가 커요? （弟も背が高いですか？）

ク ロ ケ アン コ ヨ チョ マ ネ ヨ
그렇게 안 커요. 저만 해요.
（そんなに高くないです。私くらいです。）

027

回想 （〜でしたが・〜かったから・〜みたいだけど）

여자 친구가 예쁘던데
_{ヨ ジャ チン グ ガ イェ ップ ドン デ}

어디에서 만났어요?
_{オ ディ エ ソ マン ナッ ソ ヨ}

彼女はきれいでしたが、
どこで出会いましたか？

こんな場面で使うよ

過去に新しく見聞きしたことをふまえて、
相手に提案・勧誘・質問をするよ

예쁘~~다~~ _{イェ ップ ダ} ▸▸ 예쁘 _{イェ ップ} ▸▸ 예쁘던데 _{イェ ップ ドン デ}

（可愛い・きれいだ）　　　　　　　　（きれいでしたが）

1 動詞・形容詞の基本形から「다_タ」を取るよ。

2 「-던데_{トン デ}」をつけるよ。

☑ 練習してみよう ◀》030

① **맛있다** (美味しい) ▶▶ **맛있던데**
 ^{マ シッタ}　　　　　　　　　　^{マ シットン デ}

② **기다리다** (待つ) ▶▶ **기다리던데**
 ^{キ ダ リ ダ}　　　　　　　　　^{キ ダ リ ドン デ}

③ **가다** (行く) ▶▶ **가던데**
 ^{カ ダ}　　　　　　　　　^{カ ドン デ}

④ **조용하다** (静かだ) ▶▶ **조용하던데**
 ^{チョ ヨン ハ ダ}　　　　　　　^{チョ ヨン ハ ドン デ}

⑤ **무겁다** (重い) ▶▶ **무겁던데**
 ^{ム ゴプ タ}　　　　　　　　　^{ム ゴプ トン デ}

☑ 例文で確認しよう ◀》031

① **여자 친구가 예쁘던데 어디에서 만났어요?**
 ^{ヨ ジャ チン グ ガ イェップ ドン デ オ ディ エ ソ マン ナッ ソ ヨ}
 （彼女はきれいでしたが、どこで出会いましたか？）

② **저 가게 맛있던데 같이 가 봐요.**
 ^{チョ ガ ゲ マ シットン デ カ チ カ ブァ ヨ}
 （あのお店、美味しかったから一緒に行ってみましょう。）

③ **밖에서 누가 기다리던데 누구야?**
 ^{パ ケ ソ ヌ ガ キ ダ リ トン デ ヌ グ ヤ}
 （外で誰かが待っているみたいだけど、誰なの？）

☑ 会話で確認しよう ◀》032

요즘 핫플이 어디예요?
^{ヨ ジュム ハップ リ オ ディ エ ヨ}
（最近のホットプレイスはどこですか？）

요즘 성수동이 인기가 많던데 가 봤어요?
^{ヨ ジュム ソン ス ドン イ イン キ ガ マントン デ カ ブァッ ソ ヨ}
（最近、聖水洞が人気みたいだけど、行ってみましたか？）

029

すぐに続く動作 (〜た途端・〜てすぐ)

<ruby>한<rt>ハン</rt></ruby><ruby>국<rt>グ</rt></ruby>에 <ruby>도<rt>ト</rt></ruby><ruby>착<rt>チャ</rt></ruby><ruby>하<rt>カ</rt></ruby><ruby>자<rt>ジャ</rt></ruby><ruby>마<rt>マ</rt></ruby><ruby>자<rt>ジャ</rt></ruby>
<ruby>닭<rt>タ</rt></ruby><ruby>한<rt>カン</rt></ruby><ruby>마<rt>マ</rt></ruby><ruby>리<rt>リ</rt></ruby>를 <ruby>먹<rt>ル</rt></ruby><ruby>었<rt>モ</rt></ruby><ruby>어<rt>ゴッ</rt></ruby><ruby>요<rt>ソ</rt></ruby>.

韓国に到着してすぐ、
タッカンマリを食べました。

こんな場面で使うよ

前の出来事が終わってすぐに、
別の出来事が起きたときに使うよ

<ruby>도<rt>ト</rt></ruby><ruby>착<rt>チャ</rt></ruby><ruby>하<rt>カ</rt></ruby><ruby>다<rt>ダ</rt></ruby> ▸▸ <ruby>도<rt>ト</rt></ruby><ruby>착<rt>チャ</rt></ruby><ruby>하<rt>カ</rt></ruby> ▸▸ <ruby>도<rt>ト</rt></ruby><ruby>착<rt>チャ</rt></ruby><ruby>하<rt>カ</rt></ruby><ruby>자<rt>ジャ</rt></ruby><ruby>마<rt>マ</rt></ruby><ruby>자<rt>ジャ</rt></ruby>

(到着する)   (到着してすぐ)

1 動詞の基本形から「<ruby>다<rt>タ</rt></ruby>」を取るよ。

2 「-<ruby>자<rt>チャ</rt></ruby><ruby>마<rt>マ</rt></ruby><ruby>자<rt>ジャ</rt></ruby>」をつけるよ。

☑ 練習してみよう　　　🔊 034

(1) サ ダ
사다 (買う)　▶▶　サ ジャ マ ジャ **사자마자**

(2) ポ ダ
보다 (見る・観る)　▶▶　ポ ジャ マ ジャ **보자마자**

(3) ックン ナ ダ
끝나다 (終わる)　▶▶　ックン ナ ジャ マ ジャ **끝나자마자**

(4) ヘ オ ジ ダ
헤어지다 (別れる)　▶▶　ヘ オ ジ ジャ マ ジャ **헤어지자마자**

(5) ヌプ タ
눕다 (横になる)　▶▶　ヌプ チャ マ ジャ **눕자마자**

☑ 例文で確認しよう　　　🔊 035

(1) ハング ゲ ト チャカ ジャ マ ジャ タ カン マ リ ルル モ ゴッ ソ ヨ
한국에 도착하자마자 닭한마리를 먹었어요.
(韓国に到着してすぐ、タッカンマリを食べました。)

(2) ウ サ ヌル サ ジャ マ ジャ ピ ガ ク チョッ ソ ヨ
우산을 사자마자 비가 그쳤어요.
(傘を買ってすぐ、雨があがりました。)

(3) ア イ ガ ナ ルル ポ ジャ マ ジャ ウル ギ シ ジャケッ ソ
아이가 나를 보자마자 울기 시작했어.
(子供が私を見た途端、泣き始めた。)

☑ 会話で確認しよう　　　🔊 036

オ ジェ ウェ スル チャ リ エ ア ヌァッ ソ ヨ
어제 왜 술자리에 안 왔어요?
(昨日どうして飲み会に来なかったんですか？)

モ ミ アン ジョア ソ イル ックン ナ ジャ マ ジャ
몸이 안 좋아서 일 끝나자마자
チ ベ カッツ ヨ
집에 갔어요.
(体調が悪くて仕事が終わってすぐ家に帰りました。)

決定（〜ことにしました・〜ようにしました）

ヨ ジャ チン グ ワ キョ ロ ナ ギ ロ
여자 친구와 결혼하기로
ヘッ ソ ヨ
했어요.

彼女と結婚することにしました。

こんな場面で使うよ

その行動をとることを決めたときに使うよ

<small>キョ ロ ナ ダ</small> ➤➤ <small>キョ ロ ナ</small> ➤➤ <small>キョ ロ ナ ギ ロ ヘッ ソ ヨ</small>
결혼하~~다~~ **결혼하** **결혼하기로 했어요**
（結婚する） （結婚することにしました）

1 動詞の基本形から「**다**<small>タ</small>」を取るよ。

2 「**-기로 했어요**<small>キ ロ ヘッ ソ ヨ</small>」をつけるよ。

★タメ口は「**-기로 했어**<small>キ ロ ヘッソ</small>」になるよ。

☑ 練習してみよう 🔊 038

① 그만두다 (やめる) ▸▸ 그만두기로 했어요
　　クマンドゥダ　　　　　　クマンドゥギ ロ ヘッ ソ ヨ

② 하다 (する・やる) ▸▸ 하기로 했어요
　　ハダ　　　　　　　　　　ハ ギ ロ ヘッ ソ ヨ

③ 가다 (行く) ▸▸ 가기로 했어요
　　カダ　　　　　　　　カ ギ ロ ヘッ ソ ヨ

④ 팔다 (売る) ▸▸ 팔기로 했어요
　　パルダ　　　　　　　パルギ ロ ヘッ ソ ヨ

⑤ 이혼하다 (離婚する) ▸▸ 이혼하기로 했어요
　　イホナダ　　　　　　　　イ ホ ナ ギ ロ ヘッ ソ ヨ

☑ 例文で確認しよう 🔊 039

① 여자 친구와 결혼하기로 했어요.
　ヨ ジャ チン グ ワ キョ ロ ナ ギ ロ ヘッ ソ ヨ
（彼女と結婚することにしました。）

② 다음 달까지 일하고 회사를 그만두기로 했어요.
　タ ウム ダルッカ ジ イ ラ ゴ フェ サルル クマンドゥギ ロ ヘッ ソ ヨ
（来月まで働いて、会社を辞めることにしました。）

③ 올해는 바빠서 이사는 내년에 하기로 했어.
　オ レ ヌン バッパソ イ サ ヌン ネ ニョ ネ ハ ギ ロ ヘッ ソ
（今年は忙しくて、引っ越しは来年することにしたよ。）

☑ 会話で確認しよう 🔊 040

연휴 때 계획 있어요?
ヨ ニュ ッテ ケ フェ ギッ ソ ヨ
（連休中の計画はありますか？）

친구들과 놀이공원에 가기로 했어요.
チン グ ドゥル グァ ノ リ ゴンウォ ネ カ ギ ロ ヘッ ソ ヨ
（友達と遊園地に行くことにしました。）

033

1

술을 (　　　) 안주만 먹었어.

① 마시자마자　　② 마시던데
③ 마시지 않고　　④ 마시기로

2

그렇게 (　　　) 후회하고 있어요.

① 헤어지고서　　② 헤어지는 대로
③ 헤어지던데　　④ 헤어지기로

3

최애 얼굴은 (　　　)

① 주먹 편이에요.　　② 주먹는 건 어때요?
③ 주먹만 해요.　　④ 주먹기로 했어요.

4

전 잘 (　　　)이에요.

① 웃는 편　　② 웃는 대로
③ 웃지 않고　　④ 웃자마자

5

올해는 바빠서 이사는 내년에 (　　　).

① 살기로 했어　　② 사는 편이에요
③ 하는 편이에요　　④ 하기로 했어

本書で学習した例文です。文が完成するように、空欄に入る表現を選んでください。解答は p234 をご覧ください。

6

아이가 나를 (　　　) 울기 시작했어.

① 보는 편　　　　② 보기만
③ 보자마자　　　④ 보는 건

7

여자 친구가 (　　　) 어디에서 만났어요?

① 예쁘던데　　　② 예쁘자마자
③ 예쁘지 않고　 ④ 예쁘기로

8

일 (　　　) 카톡할게요.

① 끝나지 않고　 ② 끝나는 대로
③ 끝나는 대신에 ④ 끝나는 건

9

최애 사진을 (　　　) 어때요?

① 선물하는 대로 ② 선물하는 건
③ 선물하던데　 ④ 선물하자마자

10

내가 숙제를 (　　　) 설거지는 네가 해.

① 도와주는 대신에 ② 도와주자마자
③ 도와주지 않고　 ④ 도와주는 대로

複数の理由 (〜から・〜ので)

배도 고프고 비도 오고
ᵖᵉ ᴰᵒ ᴷᵒ ᵖᵘ ᴳᵒ ᵖⁱ ᴰᵒ ᴼᵍᵒ

해서 부침개를 먹었어요.
ᴴᵉ ˢᵒ ᵖᵘ ᶜʰⁱᵐ ᴳᵉ ᴿᵘˡᵘ ᴹᵒ ᴳᵒˢˢᵒ ᴿᵒ

お腹も空いて雨も降っていたので、
チヂミを食べました。

こんな場面で使うよ

複数の理由が行動に繋がることを伝えるよ

오<s>다</s> ‣ 오 ‣ 오고 해서
ᴼ ᴰᵃ 　　ᴼ 　　ᴼ ᴳᵒ ᴴᵉ ˢᵒ
（来る・降る）　　　　（降っていたので）

1 動詞・形容詞の基本形から「다」を取るよ。
　　　　　　　　　　　　　　　　　　　ᵀᵃ

2 「-고 해서」をつけるよ。
　　　ᴷᵒ ᴴᵉ ˢᵒ

☑ 練習してみよう 🔊 042

1. 귀찮다 (面倒だ) ▶▶ 귀찮고 해서

2. 가깝다 (近い) ▶▶ 가깝고 해서

3. 싸우다 (ケンカする) ▶▶ 싸우고 해서

4. 아프다 (痛い) ▶▶ 아프고 해서

5. 없다 (いない・ない) ▶▶ 없고 해서

☑ 例文で確認しよう 🔊 043

1. 배도 고프고 비도 오고 해서 부침개를 먹었어요.
   (お腹も空いて雨も降っていたので、チヂミを食べました。)

2. 요리하기도 귀찮고 해서 시켜서 먹었어요.
   (料理するのも面倒だったので、出前をとって食べました。)

3. 값도 싸고 가깝고 해서 자주 가.
   (値段も安くて近いからよく行くよ。)

☑ 会話で確認しよう 🔊 044

왜 헤어졌어요? (どうして別れたんですか？)

요즘 자주 싸우고 해서 헤어졌어요.
(最近よくケンカしたので別れました。)

037

비가 많이 오는데
ピ ガ マ ニ オ ヌン デ

우산 갖고 왔어요?
ウ サン カッ コ ワッ ソ ヨ

雨がたくさん降っているけど、
傘を持って来ましたか？

こんな場面で使うよ

動詞につけて、前置きとして背景や状況を
伝えたり、逆の内容を伝えたりできるよ

오<del>다</del> ▸ 오 ▸ 오는데
オ ダ 　 オ 　 オ ヌン デ
（来る・降る）　　　　（降っているけど）

1 動詞の基本形から「**다**」を取るよ。
　　　　　　　　　　　　　タ

2 「**-는데**」をつけるよ。
　　　　ヌン デ

★ 「ㄹ」脱落に気をつけてね。

☑ 練習してみよう 🔊 046

コン ブ ヘッ タ
(1) 공부했다 (勉強した) ▸▸ 공부했는데
コン ブ ヘン ヌン デ

オ ウル リ ダ
(2) 어울리다 (似合う) ▸▸ 어울리는데
オ ウル リ ヌン デ

タ ニョッ タ
(3) 다녔다 (通った・勤めた) ▸▸ 다녔는데
タ ニョン ヌン デ

イプ タ
(4) 입다 (着る) ▸▸ 입는데
イム ヌン デ

ノ ヌン デ
ノル ダ 「ㄹ」脱落
(5) 놀다 (遊ぶ) ▸▸ 노는데 p266 参照

☑ 例文で確認しよう 🔊 047

ビ ガ マ ニ オ ヌン デ ウ サン カッ コ ワッ ソ ヨ
(1) 비가 많이 오는데 우산 갖고 왔어요?
(雨がたくさん降っているけど、傘を持って来ましたか？)

ハン グ ゴ ヌン チェ ジャン ニョン ブ ト コン ブ ヘン ヌン デ ア ジ クト ブ ジョ ケ ヨ
(2) 한국어는 재작년부터 공부했는데 아직도 부족해요.
(韓国語は一昨年から勉強しましたが、まだまだです。)

ビョル ロ ヤ ノ ハン テ チャ ロ ウル リ ヌン デ
(3) 별로야? 너한테 잘 어울리는데.
(イマイチ？ 君によく似合うのに。)

☑ 会話で確認しよう 🔊 048

シン ジ ッシ ヌン ム スン ニル ハ セ ヨ
신지 씨는 무슨 일 하세요?
(シンジさんは何の仕事していますか？)

チャン ニョン ッカ ジ フェ サ エ タ ニョン ヌン デ チ グ ムン
작년까지 회사에 다녔는데 지금은
ベク ス エ ヨ
백수예요.
(昨年まで会社に勤めていましたが、今は無職です。)

039

理由・原因 (〜から・〜ので)

반전 매력이 있기 때문에 인기가 있어요.

パン ジョン メ リョ ギ イッ キ ッテ ム ネ
イン キ ガ イッ ソ ヨ

ギャップがあるからモテます。

こんな場面で使うよ

**因果関係がはっきりしていて、
その理由や原因を表すよ**

있<s>다</s> ▸ 있 ▸ 있기 때문에

イッ タ　　　イッ　　　イッ キ ッテ ム ネ

(いる・ある)　　　　　　　　(あるから)

1 動詞・形容詞の基本形から「다」を取るよ。
タ

2 「-기 때문에」をつけるよ。
キ ッテ ム ネ

✓ 練習してみよう　◀» 050

① 사랑하다 (愛する) ▶▶ 사랑하기 때문에
サ ラン ハ ダ　　　　　　　　　サ ラン ハ ギ ッテ ム ネ

② 멀다 (遠い) ▶▶ 멀기 때문에
モ ル ダ　　　　　　　　モ ル ギ ッテ ム ネ

③ 많다 (多い) ▶▶ 많기 때문에
マン タ　　　　　　　　マン キ ッテ ム ネ

④ 왔다 (来た) ▶▶ 왔기 때문에
ワッ タ　　　　　　　　ワッ キ ッテ ム ネ

⑤ 안 좋았다 (よくなかった) ▶▶ 안 좋았기 때문에
アン ジョ アッ タ　　　　　　　　アン ジョ アッ キ ッテ ム ネ

✓ 例文で確認しよう　◀» 051

① 반전 매력이 있기 때문에 인기가 있어요.
パンジョン メ リョ ギ イッ キ ッテ ム ネ インキ ガ イッ ソ ヨ
(ギャップがあるからモテます。)

② 사랑하기 때문에 뭐든지 해 줄 수 있어요.
サ ラン ハ ギ ッテ ム ネ ムォドゥン ジ ヘ ジュル ス イッ ソ ヨ
(愛しているから何でもしてあげられます。)

③ 회사까지 멀기 때문에 일찍 일어나야 해.
フェ サッ カ ジ モ ル ギ ッテ ム ネ イルッチ ギ ロ ナ ヤ ヘ
(会社まで遠いから早く起きなければいけない。)

✓ 会話で確認しよう　◀» 052

왜 한국을 좋아해요?
ウェ ハン グ グル チョ ア ヘ ヨ
(どうして韓国が好きなんですか？)

예쁜 카페가 많기 때문에 좋아해요.
イェップン カ ペ ガ マン キ ッテ ム ネ チョ ア ヘ ヨ
(可愛いカフェが多いので好きです。)

義務・条件 (〜なければいけません)

ポ ク ス パ ジ ア ヌ ミョン
복습하지 않으면
アン ドゥェ ヨ
안 돼요.

復習しなければいけません。

こんな場面で使うよ

動詞なら、しなければいけない行動・動作を、
形容詞なら、条件を表すよ

ポ ク ス パ ダ   ポ ク ス パ   ポ ク ス パ ジ ア ヌ ミョン アン ドゥェ ヨ
복습하~~다~~ ▶▶ 복습하 ▶▶ 복습하지 않으면 안 돼요
(復習する)   (復習しなければいけません)

1 動詞・形容詞の基本形から「다タ」を取るよ。

2 「-지 않으면 안 돼요」をつけるよ。
チ ア ヌ ミョン アン ドゥェ ヨ

★タメロは「-지 않으면 안 돼」になるよ。
チ ア ヌ ミョン アン ドゥェ

☑ 練習してみよう 🔊 054

1. <ruby>끝내다<rt>ックン ネ ダ</rt></ruby> (終わらせる・終える) ▸▸ <ruby>끝내지 않으면 안 돼요<rt>ックン ネ ジ ア ヌ ミョン アン ドゥェ ヨ</rt></ruby>

2. <ruby>까맣다<rt>ッカ マ タ</rt></ruby> (黒い・真っ黒い) ▸▸ <ruby>까맣지 않으면 안 돼요<rt>ッカ マ チ ア ヌ ミョン アン ドゥェ ヨ</rt></ruby>

3. <ruby>오다<rt>オ ダ</rt></ruby> (来る・降る) ▸▸ <ruby>오지 않으면 안 돼요<rt>オ ジ ア ヌ ミョン アン ドゥェ ヨ</rt></ruby>

4. <ruby>키가 크다<rt>キ ガ ク ダ</rt></ruby> (背が高い) ▸▸ <ruby>키가 크지 않으면 안 돼요<rt>キ ガ ク ジ ア ヌ ミョン アン ドゥェ ヨ</rt></ruby>

5. <ruby>넓다<rt>ノル タ</rt></ruby> (広い) ▸▸ <ruby>넓지 않으면 안 돼요<rt>ノル チ ア ヌ ミョン アン ドゥェ ヨ</rt></ruby>

☑ 例文で確認しよう 🔊 055

1. <ruby>복습하지 않으면 안 돼요.<rt>ボク ス パ ジ ア ヌ ミョン アン ドゥェ ヨ</rt></ruby>
   （復習しなければいけません。）

2. <ruby>오늘까지 다 끝내지 않으면 안 돼요.<rt>オ ヌル ッカ ジ タ ックン ネ ジ ア ヌ ミョン アン ドゥェ ヨ</rt></ruby>
   （今日までに全部終わらせなければいけません。）

3. <ruby>양말은 까맣지 않으면 안 돼.<rt>ヤン マ ルン ッカ マ チ ア ヌ ミョン アン ドゥェ</rt></ruby>
   （靴下は黒くなければいけない。）

☑ 会話で確認しよう 🔊 056

<ruby>꼭 본인이 오지 않으면 안 돼요?<rt>ッコク ボ ニ ニ オ ジ ア ヌ ミョン アン ドゥェ ヨ</rt></ruby>
（必ず本人が来なければいけませんか？）

<ruby>신분증이 있으면 가족이 와도 돼요.<rt>シン ブン ッチュン イ イッ ス ミョン カ ジョ ギ ワ ド ドゥェ ヨ</rt></ruby>
（身分証明書があれば家族が来てもいいです。）

스케줄이 많아서
힘들겠어요.

スケジュールが多くて
大変そうですね。

こんな場面で使うよ

状況や状態から推測するときに使うよ

힘들<s>다</s> ▸ 힘들 ▸ 힘들겠어요
(大変だ・疲れる)   (大変そうですね)

1 動詞・形容詞の基本形から「다」を取るよ。

2 「-겠어요」をつけるよ。

★タメ口は「-겠어」になるよ。

☑ 練習してみよう 🔊 058

(1) 기쁘다 (嬉しい) ▸▸ 기쁘겠어요
キップ ダ / キップ ゲッ ソ ヨ

(2) 재미있다 (面白い) ▸▸ 재미있겠어요
チェ ミ イッ タ / チェ ミ イッ ケッ ソ ヨ

(3) 배고프다 (お腹が空く) ▸▸ 배고프겠어요
ペ ゴ ブ ダ / ペ ゴ ブ ゲッ ソ ヨ

(4) 심심하다 (退屈だ) ▸▸ 심심하겠어요
シム シ マ ダ / シム シ マ ゲッ ソ ヨ

(5) 잘하다 (上手にする) ▸▸ 잘하겠어요
チャ ラ ダ / チャ ラ ゲッ ソ ヨ

☑ 例文で確認しよう 🔊 059

(1) 스케줄이 많아서 힘들겠어요.
スケジュリ マ ナ ソ ヒムドゥル ゲッ ソ ヨ
（スケジュールが多くて大変そうですね。）

(2) 오랜만에 부모님을 봐서 기쁘겠어요.
オ レン マ ネ ブ モ ニ ムル ファ ソ キップ ゲッ ソ ヨ
（久しぶりに両親に会えて嬉しいでしょうね。）

(3) 제목을 보니까 이 영화가 재미있겠어.
チェ モ グル ポ ニ ッカ イ ヨン ファ ガ チェ ミ イッ ケッ ソ
（タイトルを見ると、この映画が面白そう。）

☑ 会話で確認しよう 🔊 060

오늘 한 끼도 못 먹었어요.
オ ヌル ハン ッキ ド モン モ ゴッ ソ ヨ
（今日は一食も食べられませんでした。）

배고프겠어요. （お腹が空いているでしょうね。）
ペ ゴ ブ ゲッ ソ ヨ

왜 한국어를 공부하게 됐어요?

どうして韓国語を勉強することに
なりましたか？

こんな場面で使うよ

状況の変化を表すときに使うよ

공부하~~다~~ ▸▸ 공부하 ▸▸ 공부하게 됐어요
（勉強する）　　　　　　　　　（勉強することになりました）

1 動詞の基本形から「다」を取るよ。

2 「-게 됐어요」をつけるよ。

★ タメ口は「-게 됐어」になるよ。

☑ 練習してみよう　◀» 062

(1) 말할 수 있다 (話せる・言える)　▶▶ 말할 수 있게 됐어요
マ ラ ル ス イッタ　　　　　　　　　　マ ラ ル ス イッ ケ ドゥェッ ソ ヨ

(2) 먹다 (食べる)　▶▶ 먹게 됐어요
モク タ　　　　　　　モ ク ケ ドゥェッ ソ ヨ

(3) 살다 (住む)　▶▶ 살게 됐어요
サル ダ　　　　　　サル ゲ ドゥェッ ソ ヨ

(4) 탈 수 있다 (乗れる)　▶▶ 탈 수 있게 됐어요
タル ス イッタ　　　　　　　　タル ス イッ ケ ドゥェッ ソ ヨ

(5) 좋아하다 (好きだ・好む)　▶▶ 좋아하게 됐어요
チョ ア ハ ダ　　　　　　　　　チョ ア ハ ゲ ドゥェッ ソ ヨ

☑ 例文で確認しよう　◀» 063

(1) 왜 한국어를 공부하게 됐어요?
ウェ ハング ゴ ルル コン ブ ハ ゲ ドゥェッ ソ ヨ
(どうして韓国語を勉強することになりましたか？)

(2) 선생님 덕분에 한국어를 할 수 있게 됐어요.
ソンセン ニム ドク ブ ネ ハング ゴ ルル ハル ス イッ ケ ドゥェッ ソ ヨ
(先生のおかげで韓国語ができるようになりました。)

(3) 너랑 만나고 나서 매운 음식을 잘 먹게 됐어.
ノ ラン マン ナ ゴ ナ ソ メ ウ ヌム シ グル チャル モ ク ケ ドゥェッ ソ
(君と会ってから辛い食べ物をよく食べるようになった。)

☑ 会話で確認しよう　◀» 064

왜 한국에서 살게 됐어요?
ウェ ハン グ ゲ ソ サル ゲ ドゥェッ ソ ヨ
(どうして韓国に住むようになりましたか？)

말하자면 긴데요…. (話すと長くなりますが…。)
マ ラ ジャ ミョン キン デ ヨ

047

일단 체크인부터 해요.

とりあえずチェックインからしましょう。

こんな場面で使うよ

色々な選択肢がある中で、
一番先にする行動を伝えるよ

체크인 ▸ **체크인부터**
（チェックイン）　　　（チェックインから）

① 名詞の後ろに「-부터」をつけるよ。

☑ 練習してみよう 🔊 066

(1) 샐러드 (サラダ)　▶▶ 샐러드부터
セル ロ ドゥ　　　　　　　　　セル ロ ドゥ ブ ト

(2) 손 (手)　▶▶ 손부터
ソン　　　　　　　ソン ブ ト

(3) 환기 (換気)　▶▶ 환기부터
ファン ギ　　　　　　ファン ギ ブ ト

(4) 스트레칭 (ストレッチ)　▶▶ 스트레칭부터
ス トゥ レ チン　　　　　　　　　ス トゥ レ チン ブ ト

(5) 물 (水)　▶▶ 물부터
ムル　　　　　　　ムル ブ ト

☑ 例文で確認しよう 🔊 067

(1) 일단 체크인부터 해요.
イル タン チェ ク イン ブ ト ヘ ヨ
（とりあえずチェックインからしましょう。）

(2) 샐러드부터 먹는 것이 몸에 좋아요.
セル ロ ドゥ ブ ト モン ヌン ゴ シ モ メ チョア ヨ
（サラダから食べるのが体にいいです。）

(3) 집에 들어왔으면 손부터 씻어라.
チ ベ トゥ ロ ワッ ス ミョン ソン ブ ト ッシ ソ ラ
（家に入ったら手から洗いな。）

☑ 会話で確認しよう 🔊 068

회사에 가면 제일 먼저 뭐 해요?
フェ サ エ カ ミョン チェ イル モン ジョ ムォ ヘ ヨ
（会社に行ったら一番最初に何をしますか？）

환기부터 해요.
ファン ギ ブ ト ヘ ヨ
（換気からします。）

理由を加える（〜んですよ）

🔊 069

イ ボン チュ マ ルン パ ッパ ソ
이번 주말은 바빠서
シ ガ ニ オプ コ ドゥン ニョ
시간이 없거든요.

今週末は忙しくて
時間がないんですよ。

こんな場面で使うよ

自分は知っているけど、
相手が知らない理由や情報を伝えるよ

オプ タ   オプ   オプ コ ドゥン ニョ
없~~다~~ ▸▸ 없 ▸▸ 없거든요
（いない・ない）   （ないんですよ）

1 動詞・形容詞の基本形から「다」^タを取るよ。

2 「-거든요」^{コ ドゥンニョ}をつけるよ。

★ タメ口は「-거든」^{コ ドゥン}になるよ。

☑ **練習してみよう** 🔊 070

① <ruby>비싸다<rt>ビ ッサ ダ</rt></ruby> (高い(値段)) ▶▶ <ruby>비싸거든요<rt>ビ ッサ ゴ ドゥン ニョ</rt></ruby>

② <ruby>좋아하다<rt>チョ ア ハ ダ</rt></ruby> (好きだ・好む) ▶▶ <ruby>좋아하거든요<rt>チョ ア ハ ゴ ドゥン ニョ</rt></ruby>

③ <ruby>착하다<rt>チャ カ ダ</rt></ruby> (優しい) ▶▶ <ruby>착하거든요<rt>チャ カ ゴ ドゥン ニョ</rt></ruby>

④ <ruby>힘들다<rt>ヒムドゥル ダ</rt></ruby> (大変だ・疲れる) ▶▶ <ruby>힘들거든요<rt>ヒムドゥル ゴ ドゥン ニョ</rt></ruby>

⑤ <ruby>무섭다<rt>ム ソプ タ</rt></ruby> (怖い) ▶▶ <ruby>무섭거든요<rt>ム ソプ コ ドゥン ニョ</rt></ruby>

☑ **例文で確認しよう** 🔊 071

① <ruby>이번 주말은 바빠서 시간이 없거든요<rt>イ ボン チュ マ ルン パッパソ シ ガ ニ オプ コ ドゥン ニョ</rt></ruby>.
(今週末は忙しくて時間がないんですよ。)

② <ruby>그 가게는 잘 안 가요. 비싸거든요<rt>ク ガ ゲ ヌン チャル アン ガ ヨ ビ ッサ ゴ ドゥン ニョ</rt></ruby>.
(その店はあまり行きません。高いんですよ。)

③ <ruby>난 그 가게 빵을 정말 좋아하거든<rt>ナン ク カ ゲ ッパ ウル チョンマル チョ ア ハ ゴ ドゥン</rt></ruby>.
(私はそのお店のパンが本当に好きなんだよ。)

☑ **会話で確認しよう** 🔊 072

<ruby>왜 그 남자와 결혼했어요<rt>ウェ ク ナムジャワ キョ ロ ネッソ ヨ</rt></ruby>?
(なぜその男性と結婚しましたか？)

<ruby>마음씨가 착하거든요<rt>マ ウムッシ ガ チャカ ゴ ドゥン ニョ</rt></ruby>. (心が優しいんですよ。)

051

期待外れの結果（〜のに）

🔊 073

メ　イル　　ウン　ドン　ウル　ハ　ヌン　デ　ド
매일 운동을 하는데도

サ　リ　ッチョ　ヨ
살이 쪄요.

毎日運動をしているのに太ります。

こんな場面で使うよ

前の行動や状況と予想外の結果、
もしくは否定的な結果を伝えるよ

ハ　ダ　　　　　　　ハ　　　　　ハ　ヌン　デ　ド
하다 ▸ 하 ▸ 하는데도
（する・やる）　　　　　　　（しているのに）

1 動詞の基本形から「타
ダ
」を取るよ。

2 「-는데도
ヌン　デ　ド
」をつけるよ。

★ 「ㄹ」脱落に気をつけてね。

☑ 練習してみよう　　　　　　🔊 074

(1) 팔다 (売る)　　▶▶ 파는데도 「ㄹ」脱落 p266参照
  <small>パル ダ</small>　　　　　　　　　<small>パ ヌン デ ド</small>

(2) 헤어졌다 (別れた)　　▶▶ 헤어졌는데도
  <small>ヘ オ チョッ タ</small>　　　　　　　　<small>ヘ オ チョン ヌン デ ド</small>

(3) 공부하다 (勉強する)　　▶▶ 공부하는데도
  <small>コン ブ ハ ダ</small>　　　　　　　　<small>コン ブ ハ ヌン デ ド</small>

(4) 받다 (もらう・受ける)　　▶▶ 받는데도
  <small>パッ タ</small>　　　　　　　　　<small>パン ヌン デ ド</small>

☑ 例文で確認しよう　　　　　　🔊 075

(1) 매일 운동을 하는데도 살이 쪄요.
  <small>メ イル ウンドン ウル ハ ヌン デ ド サ リ ッチョ ヨ</small>
  （毎日運動をしているのに太ります。）

(2) 반값에 파는데도 아무도 안 사요.
  <small>パンカプ セ パ ヌン デ ド ア ム ド アン サ ヨ</small>
  （半額で売っているのに誰も買いません。）

(3) 헤어졌는데도 그다지 슬프지 않았어.
  <small>ヘ オ チョン ヌン デ ド ク ダ ジ スル プ ジ ア ナッ ソ</small>
  （別れたのにあまり悲しくなかった。）

☑ 会話で確認しよう　　　　　　🔊 076

> 한국어를 매일 공부하는데도 안 느는
> <small>ハン グ ゴ ルル メ イル コン ブ ハ ヌン デ ド アン ヌ ヌン</small>
> 것 같아요.
> <small>ゴッ カ タ ヨ</small>
> （韓国語を毎日勉強しているのに上達しないようです。）

> 공부 방법을 바꿔 보는 건 어때요?
> <small>コン ブ パン ボ ブル バ ックォ ボ ヌン ゴン オ ッテ ヨ</small>
> （勉強方法を変えてみるのはどうですか？）

쇼핑보다 카페 탐방을
하고 싶어요.

ショ ピン ボ ダ カ ペ タム バン ウル

ハ ゴ シ ポ ヨ

買い物よりカフェ巡りを
したいです。

こんな場面で使うよ

2つのものを比較するよ

ショ ピン　　　　　　ショ ピン ボ ダ

쇼핑 ▸▸ **쇼핑보다**

（買い物）　　　（買い物より）

1 名詞の後ろに「-보다^{ボ ダ}」をつけるよ。

☑ 練習してみよう　　　　　　　　　　　　　　🔊 078

(1) 호텔 (ホテル)　　　　▶▶ 호텔보다

(2) 작년 (去年)　　　　　▶▶ 작년보다

(3) 양념 치킨 (ヤンニョムチキン)　　▶▶ 양념 치킨보다

(4) 여름 (夏)　　　　　　▶▶ 여름보다

(5) 아까 (さっき)　　　　▶▶ 아까보다

☑ 例文で確認しよう　　　　　　　　　　　　🔊 079

(1) 쇼핑보다 카페 탐방을 하고 싶어요.
（買い物よりカフェ巡りをしたいです。）

(2) 호텔보다 게스트 하우스에서 묵고 싶어요.
（ホテルよりゲストハウスに泊まりたいです。）

(3) 작년보다 더 어려진 것 같아.
（昨年よりもっと若くなったみたい。）

☑ 会話で確認しよう　　　　　　　　　　　　🔊 080

양념 치킨보다 프라이드 치킨을 좋아해요.
（ヤンニョムチキンよりフライドチキンが好きです。）

저도요! 그럼, 프라이드 치킨을 시켜요!
（私もです！　じゃあ、フライドチキンを注文しましょう！）

055

1

요즘 자주 (　　　) 헤어졌어요.

① 싸우고 해서
② 싸우는데
③ 싸우는데도
④ 싸우는 건

2

반전 매력이 (　　　) 인기가 있어요.

① 있기 때문에
② 있는 대로
③ 있던데
④ 있지 않고

3

제목을 보니까 이 영화가 (　　　).

① 맛있겠어
② 멋있겠어
③ 재미있겠어
④ 있겠어

4

샐러드(　　　) 먹는 것이 몸에 좋아요.

① 보다
② 부터
③ 던데
④ 기 때문에

5

너랑 만나고 나서 매운 음식을 잘 (　　　)

① 먹는 건 어때?
② 하기로 했어.
③ 먹게 됐어.
④ 하는 건 어때?

本書で学習した例文です。文が完成するように、空欄に入る表現を選んでください。解答は p234 をご覧ください。

6

매일 운동을 (　　　) 살이 쪄요.

① 하는데도　　　② 하지 않고
③ 하기 때문에　　④ 하자마자

7

쇼핑(　　　) 카페 탐방을 하고 싶어요.

① 부터　　　② 던데
③ 때문에　　④ 보다

8

난 그 가게 빵을 정말 (　　　).

① 좋아하거든　　　② 좋아해거든
③ 좋아해기로 했어　④ 좋아하기로 했어

9

꼭 본인이 (　　　)?

① 오는 건 어때요　　② 오기로 했어요
③ 오지 않으면 안 돼요　④ 오는 편이에요

10

작년까지 회사에 (　　　) 지금은 백수예요.

① 다니고 해서　　② 다니지 않고
③ 다녔는데도　　④ 다녔는데

057

◀)) 081

술을 마시기는 하지만
スルル マ シ ギ ヌン ハ ジ マン

약해요.
ヤ ケ ヨ

お酒は飲むけど弱いです。

こんな場面で使うよ

前の内容を認めつつも、逆の内容を伝えるよ
（強調したいのは後ろの内容）

마시다 ▸▸ **마시** ▸▸ **마시기는 하지만**
マ シ ダ　　　　　マ シ　　　　　マ シ ギ ヌン ハ ジ マン
（飲む）　　　　　　　　　　　（飲むけど）

1 動詞・形容詞の基本形から「**다**」を取るよ。
タ

2 「**-기는 하지만**」をつけるよ。
キ ヌン ハ ジ マン

☑ 練習してみよう　　🔊 082

(1) 예쁘다 （可愛い・きれいだ）
イェップ ダ

▶▶ 예쁘기는 하지만
イェップ ギ ヌン ハ ジ マン

(2) 있다 （いる・ある）
イッ タ

▶▶ 있기는 하지만
イッ キ ヌン ハ ジ マン

(3) 재미있다 （面白い）
チェ ミ イッ タ

▶▶ 재미있기는 하지만
チェ ミ イッ キ ヌン ハ ジ マン

(4) 살았다 （住んだ）
サ ラッ タ

▶▶ 살았기는 하지만
サ ラッ キ ヌン ハ ジ マン

(5) 좋았다 （よかった）
チョアッ タ

▶▶ 좋았기는 하지만
チョアッ キ ヌン ハ ジ マン

☑ 例文で確認しよう　　🔊 083

(1) 술을 마시기는 하지만 약해요.
スルル マ シ ギ ヌン ハ ジ マン ヤ ケ ヨ
（お酒は飲むけど弱いです。）

(2) 예쁘기는 하지만 사귀고 싶지 않아요.
イェップ ギ マン ハ ジ マン サ グィ ゴ シプ チ ア ナ ヨ
（可愛いけど付き合いたくはないです。）

(3) 와이파이가 있기는 하지만 신호가 약해.
ワ イ パ イ ガ イッ キ ヌン ハ ジ マン シ ノ ガ ヤ ケ
（Wi-Fi はあるけど電波が弱い。）

☑ 会話で確認しよう　　🔊 084

한국어 재미있어요? （韓国語面白いですか？）
ハング ゴ チェ ミ イッ ソ ヨ

재미있기는 하지만 어려워요.
チェ ミ イッ キ ヌン ハ ジ マン オ リョ ウォ ヨ
（面白いけど難しいです。）

-던

🔊 085

オ リョッ スル ッテ チャ ジュ ポ ドン
어렸을 때 자주 보던

マ ヌァ ヨン ファ エ ヨ
만화 영화예요.

幼かったとき、よく観ていた
アニメです。

こんな場面で使うよ

過去に一定期間継続していた習慣や
行動を回想するように表現するよ

ポ ダ　　　　ポ　　　　ポ ドン
보다 ▸▸ 보 ▸▸ 보던
（見る・観る）　　　　（観ていた）

1 動詞・形容詞の基本形から「다」を取るよ。

2 「-던」をつけるよ。

☑ **練習してみよう** 🔊 086

(1) 하다 (する・やる) ▸▸ 하던
   ハ ダ　　　　　　　　　　ハ ドン

(2) 마시다 (飲む) ▸▸ 마시던
   マ シ ダ　　　　　　　　マ シ ドン

(3) 쓰다 (書く・使う) ▸▸ 쓰던
   ッス ダ　　　　　　　　　ッス ドン

(4) 놀다 (遊ぶ) ▸▸ 놀던
   ノル ダ　　　　　　　　　ノル ドン

(5) 다니다 (通う) ▸▸ 다니던
   タ ニ ダ　　　　　　　　タ ニ ドン

☑ **例文で確認しよう** 🔊 087

(1) 어렸을 때 자주 보던 만화 영화예요.
   オ リョッスル ッテ チャジュ ボ ドン マ ヌァ ヨンファ エ ヨ
   (幼かったとき、よく観ていたアニメです。)

(2) 아까 하던 이야기 말인데요….
   アッ カ ハ ドン イ ヤ ギ マ リン デ ヨ
   (さっきしていた話のことなんですけど…。)

(3) 내가 마시던 물이 없어졌어.
   ネ ガ マ シ ドン ム リ オプソ ジョッ ソ
   (私が飲んでいた水がなくなった。)

☑ **会話で確認しよう** 🔊 088

한국어 공부할 때 쓰던 교과서가 뭐예요?
ハング ゴ コン ブ ハル ッテ ッス ドン キョグァ ソ ガ ムォ エ ヨ
(韓国語を勉強するときに使っていた教科書は何ですか？)

전 책으로 공부 안 했어요.
チョン チェ グ ロ コン ブ ア ネッ ソ ヨ
(私は本で勉強しませんでした。)

주꾸미 먹으러 가요!
チュック ミ モグロ ガヨ

매운 음식 좋아하잖아요.
メ ウ ヌム シク チョ ア ハ ジャ ナ ヨ

チュクミ食べに行きましょう！
辛いもの好きじゃないですか。

こんな場面で使うよ

**既知の事実や相手もきっと
認識していることを確認するよ**

좋아하<del>다</del> ▸▸ 좋아하 ▸▸ 좋아하잖아요
チョ ア ハ ダ　　　チョ ア ハ　　　チョ ア ハ ジャ ナ ヨ
(好きだ・好む)　　　　　　　　　(好きじゃないですか)

1 動詞・形容詞の基本形から「다」を取るよ。

2 「-잖아요」をつけるよ。
チャ ナ ヨ

★タメ口は「-잖아」になるよ。
チャ ナ

☑ 練習してみよう　🔊 090

① 가다 (行く)　カダ　▶▶ 가잖아요　カジャナヨ

② 냈다 (出した・払った)　ネッタ　▶▶ 냈잖아요　ネッチャナヨ

③ 예쁘다 (可愛い・きれいだ)　イェップダ　▶▶ 예쁘잖아요　イェップジャナヨ

④ 열다 (開ける)　ヨルダ　▶▶ 열잖아요　ヨルジャナヨ

⑤ 덥다 (暑い)　トプタ　▶▶ 덥잖아요　トプチャナヨ

☑ 例文で確認しよう　🔊 091

① 주꾸미 먹으러 가요! 매운 음식 좋아하잖아요.
チュックミ　モグロ　ガヨ　メウ　ヌムシク　チョア　ハジャナヨ
(チュクミ食べに行きましょう！　辛いもの好きじゃないですか。)

② 다음 달에도 한국에 가잖아요.
タウム　タレド　ハングゲ　カジャナヨ
(来月も韓国に行くじゃないですか。)

③ 지난주에도 네가 냈잖아! 오늘은 내가 살게.
チナンジュエド　ネガ　ネッチャナ　オヌルン　ネガ　サルケ
(先週も君が払ったじゃん！　今日は私が奢るよ。)

☑ 会話で確認しよう　🔊 092

그 여배우는 연기도 잘 못 하는데
ク　ヨ　ベ　ウヌン　ヨン　ギ　ド　チャル　モ　タ　ヌン　デ
왜 인기가 많을까요?
ウェ　イン　キ　ガ　マ　ヌルッカ　ヨ
(あの女優は演技も下手なのに、なぜ人気があるのでしょうか？)

예쁘잖아요. (きれいじゃないですか。)
イェップ　ジャ　ナ　ヨ

저 사람은
한국 사람인가요?

チョ　サ　ラ　ムン

ハン　グ　サ　ラ　ミン　ガ　ヨ

あの方は韓国人ですか？

こんな場面で使うよ

要体と同様に会話でよく使い、
疑問に思ったことを確認するよ

ハン　グ　サ　ラム　　　　　ハン　グ　サ　ラ　ミン　ガ　ヨ

한국 사람 ▸▸ **한국 사람인가요?**

（韓国人）　　　　　　　　　（韓国人ですか？）

1 名詞の後ろに「-인가요?」をつけるよ。
インガヨ

★ タメ口は「-인가?」になるよ。
インガ

☑ 練習してみよう 🔊 094

① 다음 주 (来週) ▶▶ 다음 주인가요?

② 쉬는 날 (休日) ▶▶ 쉬는 날인가요?

③ 셀프 (セルフ) ▶▶ 셀프인가요?

④ 술 (お酒) ▶▶ 술인가요?

⑤ 야근 (残業・夜勤) ▶▶ 야근인가요?

☑ 例文で確認しよう 🔊 095

① 저 사람은 한국 사람인가요? (あの方は韓国人ですか？)

② 다음 수업은 다음 주인가요? (次の授業は来週ですか？)

③ 왜 아무도 없지? 쉬는 날인가?
(なんで誰もいないの？ 休日なの？)

☑ 会話で確認しよう 🔊 096

물은 셀프인가요? (水はセルフですか？)

가져다 드릴게요. 더 필요한 건 없으세요?
(お持ちします。他に必要なものはありませんか？)

ヌ　ニ　ピョル　チョ　ロム
눈이 별처럼
パン　ッチャク　パン　ッチャ　ケ　ヨ
반짝반짝해요.

目が星のようにキラキラしています。

こんな場面で使うよ

似ている他の物にたとえて、
特徴を伝えるよ

ピョル　　　　　　ピョル　チョ　ロム
별 ▸ **별처럼**
（星）　　　　 （星のように）

1 名詞の後ろに「-처럼」をつけるよ。

☑ 練習してみよう 🔊 098

① 사과 (リンゴ) ▶▶ 사과처럼
サ グァ *サ グァチョロム*

② 아빠 (お父さん) ▶▶ 아빠처럼
ア ッパ *ア ッパチョロム*

③ 운동장 (運動場) ▶▶ 운동장처럼
ウン ドン ジャン *ウン ドン ジャンチョ ロム*

④ 진짜 (本物) ▶▶ 진짜처럼
チン ッチャ *チン ッチャチョ ロム*

⑤ 가짜 (偽物) ▶▶ 가짜처럼
カ ッチャ *カ ッチャチョ ロム*

☑ 例文で確認しよう 🔊 099

① 눈이 별처럼 반짝반짝해요.
ヌ ニ ピョルチョ ロム パンッチャクパンッチャ ケ ヨ
(目が星のようにキラキラしています。)

② 선생님 얼굴은 항상 사과처럼 빨개요.
ソンセンニム オル グ ルン ハンサン サ グァチョロム ッパル ゲ ヨ
(先生の顔はいつもリンゴのように赤いです。)

③ 우리 아빠처럼 자상한 남자와 결혼하고 싶어.
ウ リ ア ッパチョ ロム チャサンハン ナムジャワ キョ ロ ナ ゴ シ ポ
(私のお父さんのように優しい男性と結婚したい。)

☑ 会話で確認しよう 🔊 100

들어 오세요~. (お入りください~。)
トゥ ロ オ セ ヨ

우와! 거실이 운동장처럼 넓네요.
ウワ コ シ リ ウンドンジャンチョロム ノルレ ヨ
(うわ！ リビングが運動場みたいに広いですね。)

代替・打ち消し（〜ないで）

기다리지 말고
다른 데로 가요.

待たないで
他の場所に行きましょう。

こんな場面で使うよ

別の行動を
誘導・提案・命令するときに使うよ

기다리다̶ ▸▸ 기다리 ▸▸ 기다리지 말고
（待つ） （待たないで）

1 動詞の基本形から「**다**」を取るよ。

2 「-지 말고」をつけるよ。

☑ **練習してみよう** ◀)) 102

(1) <ruby>서두르다<rt>ソドゥルダ</rt></ruby> (急ぐ) ▶▶ <ruby>서두르지 말고<rt>ソドゥルジ マルゴ</rt></ruby>

(2) <ruby>걱정하다<rt>コクチョンハダ</rt></ruby> (心配する) ▶▶ <ruby>걱정하지 말고<rt>コクチョンハジ マルゴ</rt></ruby>

(3) <ruby>켜다<rt>キョダ</rt></ruby> (点ける) ▶▶ <ruby>켜지 말고<rt>キョジ マルゴ</rt></ruby>

(4) <ruby>질문하다<rt>チルムナダ</rt></ruby> (質問する) ▶▶ <ruby>질문하지 말고<rt>チルムナジ マルゴ</rt></ruby>

(5) <ruby>울다<rt>ウルダ</rt></ruby> (泣く) ▶▶ <ruby>울지 말고<rt>ウルジ マルゴ</rt></ruby>

☑ **例文で確認しよう** ◀)) 103

(1) <ruby>기다리지 말고 다른 데로 가요.<rt>キダリジ マルゴ タルン デロ カヨ</rt></ruby>
（待たないで他の場所に行きましょう。）

(2) <ruby>저도 좀 늦으니까 서두르지 말고 천천히 오세요.<rt>チョド チョム ヌ ジュ ニッカ ソドゥルジ マルゴ チョンチョニ オセヨ</rt></ruby>
（私も少し遅れるので急がずにゆっくり来てください。）

(3) <ruby>걱정하지 말고 연락해 봐.<rt>コクチョンハジ マルゴ ヨルラケ ブァ</rt></ruby>
（心配しないで連絡してみて。）

☑ **会話で確認しよう** ◀)) 104

<ruby>더워요? 에어컨 켤까요?<rt>トウォヨ エ オコン キョルッカヨ</rt></ruby>
（暑いですか？　エアコン点けましょうか？）

<ruby>에어컨 켜지 말고 창문을 엽시다.<rt>エ オコン キョジ マルゴ チャンムヌル ヨプシダ</rt></ruby>
（エアコンを点けないで窓を開けましょう。）

지금 눈이 오는 것 같아요.

今、雪が降っているようです。

こんな場面で使うよ

現在の行動や状況について推測するときに使うよ

오<s>다</s> ▸ 오 ▸ 오는 것 같아요

(来る・降る) (降っているようです)

1 動詞の基本形から「다」を取るよ。

2 「-는 것 같아요」をつけるよ。

★ タメ口は「-는 것 같아」になるよ。「ㄹ」脱落に気をつけてね。

☑ **練習してみよう** 🔊 106

① 있다 (いる・ある) ▶▶ 있는 것 같아요
   <small>イッ タ</small>　　　　　　　<small>イン ヌン ゴッ カ タ ヨ</small>

② 안 하다 (しない) ▶▶ 안 하는 것 같아요
   <small>ア ナ ダ</small>　　　　　　<small>ア ナ ヌン ゴッ カ タ ヨ</small>

③ 사귀다 (付き合う) ▶▶ 사귀는 것 같아요
   <small>サ グィ ダ</small>　　　　　　<small>サ グィ ヌン ゴッ カ タ ヨ</small>

④ 살다 (住む) ▶▶ 사는 것 같아요 「ㄹ」脱落
   <small>サル ダ</small>　　　　　<small>サ ヌン ゴッ カ タ ヨ</small>　p266 参照

⑤ 듣다 (聞く) ▶▶ 듣는 것 같아요
   <small>トゥッ タ</small>　　　　　<small>トゥン ヌン ゴッ カ タ ヨ</small>

☑ **例文で確認しよう** 🔊 107

① 지금 눈이 오는 것 같아요.
   <small>チ グム ヌ ニ オ ヌン ゴッ カ タ ヨ</small>
   （今、雪が降っているようです。）

② 아들은 학원에 있는 것 같아요.
   <small>ア ドゥルン ハ グォ ネ イン ヌン ゴッ カ タ ヨ</small>
   （息子は塾にいると思います。）

③ 아직 영업을 안 하는 것 같아.
   <small>ア ジク ヨン オ ブル ア ナ ヌン ゴッ カ タ</small>
   （まだ営業をしていないと思う。）

☑ **会話で確認しよう** 🔊 108

마유 씨하고 호영 씨는 사귀는 것 같아요.
<small>マ ユ ッシ ハ ゴ ホ ヨン ッシ ヌン サ グィ ヌン ゴッ カ タ ヨ</small>
（マユさんとホヨンさんは付き合っているようです。）

몰랐어요? 꽤 오래 전부터 사귀고 있어요.
<small>モル ラッ ソ ヨ　ックェ オ レ ジョン ブ ト サ グィ ゴ イッ ソ ヨ</small>
（知りませんでしたか？　かなり前から付き合っていますよ。）

DAY 28 ｜ -다가
動作の中断・切替 （～ていて・～途中で・～いたけど）

◀» 109

ウン ドン ハ ダ ガ タ リ ル ル
운동하다가 다리를
タ チョッ ソ ヨ
다쳤어요.

運動している途中で足を怪我しました。

こんな場面で使うよ

前の動作の途中に、
別の出来事が起きたことを伝えるよ

ウン ドン ハ ダ 　　　ウン ドン ハ 　　　ウン ドン ハ ダ ガ
운동하다 ▸▸ 운동하 ▸▸ 운동하다가
（運動する）　　　　　　　　　　　　（運動している途中で）

1 動詞の基本形から「다」を取るよ。

2 「-다가」をつけるよ。

072

☑ 練習してみよう　　　　🔊 110

(1) 보다 (見る・観る)　▶▶ 보다가
　　ボ ダ　　　　　　　　　　　ボ ダ ガ

(2) 듣다 (聞く)　　　▶▶ 듣다가
　　トゥッ タ　　　　　　　　　トゥッ タ ガ

(3) 살다 (住む)　　　▶▶ 살다가
　　サル ダ　　　　　　　　　　サル ダ ガ

(4) 울다 (泣く)　　　▶▶ 울다가
　　ウル ダ　　　　　　　　　　ウル ダ ガ

(5) 걷다 (歩く)　　　▶▶ 걷다가
　　コッ タ　　　　　　　　　　コッ タ ガ

☑ 例文で確認しよう　　　　🔊 111

(1) 운동하다가 다리를 다쳤어요.
　　ウンドン ハ ダ ガ　タ リ ルル　タ チョッ ソ ヨ
　　(運動している途中で足を怪我しました。)

(2) 영화를 보다가 잠들었어요. (映画を観ていて寝ました。)
　　ヨン ファ ルル　ボ ダ ガ　チャム ドゥ ロッ ソ ヨ

(3) 강의를 듣다가 깜빡 졸았어.
　　カン イ ルル　トゥッ タ ガ　ッカム ッパク　チョ ラッ ソ
　　(講義を聞いてる途中でうっかり居眠りした。)

☑ 会話で確認しよう　　　　🔊 112

학교 근처에 살아요?
ハク キョ　クンチョ エ　サ ラ ヨ
(学校の近くに住んでいますか？)

학교 기숙사에 살다가 원룸으로
ハク キョ　ギ スク サ エ　サルダ ガ　ウォン ル ム ロ

이사했어요.
イ サ ヘッツ ソ ヨ
(学校の寮に住んでいたけどワンルームに引っ越しました。)

073

情報の追加 (〜ですし・〜ますし)

ナム チ ヌン チャル セン ギョッ ソ ヨ
남친은 잘생겼어요.

ソン キョク ト チョ コ ヨ
성격도 좋고요.

彼氏はイケメンです。

性格もいいですし。

こんな場面で使うよ

前の内容に加えて、
さらに別の情報を追加するよ

チョ タ   チョ   チョ コ ヨ
좋~~다~~ ▸▸ 좋 ▸▸ 좋고요
(いい)   (いいですし)

1 動詞・形容詞の基本形から「다」を取るよ。
タ

2 「-고요」をつけるよ。
コ ヨ

★タメ口は「-고」になるよ。
コ

☑ 練習してみよう 🔊 114

① 치다 *チダ* (打つ・(雷など)鳴る) ▶▶ 치고요 *チゴヨ*

② 친절하다 *チンジョラダ* (親切だ) ▶▶ 친절하고요 *チンジョラゴヨ*

③ 불다 *プルダ* (吹く) ▶▶ 불고요 *プルゴヨ*

④ 깨끗하다 *ッケックタダ* (きれいだ・清潔だ) ▶▶ 깨끗하고요 *ッケックタゴヨ*

⑤ 시원하다 *シウォナダ* (涼しい・スッキリする) ▶▶ 시원하고요 *シウォナゴヨ*

DAY 21-30

☑ 例文で確認しよう 🔊 115

① 남친은 잘생겼어요. 성격도 좋고요.
ナム チ ヌン チャル センギョッ ソ ヨ ソンギョクト チョ コ ヨ
(彼氏はイケメンです。性格もいいですし。)

② 비가 많이 와요! 번개도 치고요.
ビ ガ マ ニ ワ ヨ ポンゲ ド チ ゴ ヨ
(雨がたくさん降っています! 雷も鳴っていますし。)

③ 저 가게 맛있어! 점원들도 친절하고.
チョ カ ゲ マ シッ ソ チョムォンドゥル ド チンジョラ ゴ
(あの店、美味しいよ! 店員さんたちも親切だし。)

☑ 会話で確認しよう 🔊 116

지금 한국은 많이 추워요?
チ グム ハング ググン マ ニ チュウォ ヨ
(今、韓国はとても寒いですか?)

네, 추워요. 바람도 많이 불고요.
ネ チュウォ ヨ バ ラム ド マ ニ プル ゴ ヨ
(はい、寒いです。風も強く吹いていますし。)

아직 한글을 완벽하게 읽지 못해요.

まだハングルを完璧に読めません。

こんな場面で使うよ

「できない」「能力がない」ことを表すよ

読む 읽다 ▸ 읽 ▸ 읽지 못해요
(読む)　　　　　　（読めません）

1 動詞の基本形から「다」を取るよ。

2 「-지 못해요」をつけるよ。

★タメ口の場合、動詞を요体に変えてから、「요」を取って、前に「못」をつけるよ。

☑ 練習してみよう 🔊 118

(1) マ シ ダ
마시다 (飲む) ▶▶ マ シ ジ モ テ ヨ
마시지 못해요

(2) サ ダ
사다 (買う) ▶▶ サ ジ モ テ ヨ
사지 못해요

(3) ウンジョナ ダ
운전하다 (運転する) ▶▶ ウンジョナ ジ モ テ ヨ
운전하지 못해요

(4) イ プ タ
입다 (着る) ▶▶ イ プ チ モ テ ヨ
입지 못해요

(5) マンドゥル ダ
만들다 (作る) ▶▶ マンドゥル ジ モ テ ヨ
만들지 못해요

☑ 例文で確認しよう 🔊 119

(1) ア ジク ハン グ ル ル ワンビョカ ゲ イク チ モ テ ヨ
아직 한글을 완벽하게 읽지 못해요.
(まだハングルを完璧に読めません。)

(2) ス ルン ハン バン ウル ド マ シ ジ モ テ ヨ
술은 한 방울도 마시지 못해요.
(お酒は一滴も飲めません。)

(3) ク ゴル ロ ヌン モッ サ
그걸로는 못 사. (それでは買えない。)

☑ 会話で確認しよう 🔊 120

ウンジョナル ス イッ ソ ヨ
운전할 수 있어요? (運転できますか？)

ハン グ ゲ ソ ヌン ハル ス イン ヌン デ イル ボ ネ ソ ヌン
한국에서는 할 수 있는데 일본에서는
ウンジョナ ジ モ テ ヨ
운전하지 못해요.
(韓国ではできますが、日本では運転できません。)

077

1

아직 한글을 완벽하게 (　　　).

① 읽고요
② 읽는 것 같아요
③ 읽지 못해요
④ 읽잖아요

2

다음 달에도 한국에 (　　　).

① 가는 편이에요
② 하는 편이에요
③ 가잖아요
④ 하잖아요

3

눈이 별 (　　　) 반짝반짝해요.

① 부터
② 처럼
③ 로
④ 말고

4

(　　　) 연락해 봐.

① 걱정하던
② 걱정하기는 하지만
③ 걱정보다
④ 걱정하지 말고

5

아직 영업을 (　　　).

① 안 하는 것 같아
② 안 사는 것 같아
③ 안 파는 것 같아
④ 안 기다리는 것 같아

6

비가 많이 와요! 번개도 (　　　).

① 치고요　　　　　② 치지 못해요

③ 치기만 해요　　　④ 치게 됐어요

7

어렸을 때 자주 (　　　) 만화 영화예요.

① 보기는 하지만　　② 보던

③ 보지 말고　　　　④ 보다가

8

(　　　) 사귀고 싶지 않아요.

① 예쁘지 않고　　　② 예쁘기는 하지만

③ 예쁘던　　　　　④ 예쁘고 해서

9

저 사람은 한국 사람(　　　)?

① 나요　　　　　　② 부터 해요

③ 고요　　　　　　④ 인가요

10

(　　　) 다리를 다쳤어요.

① 운동하지 말고　　② 운동하기 위해서

③ 운동하다가　　　④ 운동하는 게

チュェ エ エ　グッ チュ ル ル　サ ギ
최애의 굿즈를 사기

ウィ ヘ ソ　ホン デ エ　ワッ ソ ヨ
위해서 홍대에 왔어요.

推しのグッズを買うために
弘大に来ました。

こんな場面で使うよ

前の行動を達成するために、
する行動を伝えるよ

サ ダ　　　　サ　　　サ ギ　ウィ ヘ ソ
사다 ▸▸ 사 ▸▸ 사기 위해서
（買う）　　　　　　　　　　（買うために）

1 動詞の基本形から「**다**」を取るよ。
タ

2 「**-기 위해서**」をつけるよ。
キ ウィ ヘ ソ

☑ 練習してみよう 🔊 122

1. 먹다 (食べる) ▸▸ 먹기 위해서
   <ruby>먹<rt>モク</rt></ruby><ruby>다<rt>タ</rt></ruby> ▸▸ <ruby>먹<rt>モ</rt></ruby><ruby>기<rt>ク キ</rt></ruby> <ruby>위<rt>ウィ</rt></ruby><ruby>해<rt>ヘ</rt></ruby><ruby>서<rt>ソ</rt></ruby>

2. 축하하다 (祝う) ▸▸ 축하하기 위해서
   <ruby>축<rt>チュ</rt></ruby><ruby>하<rt>カ</rt></ruby><ruby>하<rt>ハ</rt></ruby><ruby>다<rt>ダ</rt></ruby> ▸▸ <ruby>축<rt>チュ</rt></ruby><ruby>하<rt>カ</rt></ruby><ruby>하<rt>ハ</rt></ruby><ruby>기<rt>ギ</rt></ruby> <ruby>위<rt>ウィ</rt></ruby><ruby>해<rt>ヘ</rt></ruby><ruby>서<rt>ソ</rt></ruby>

3. 살다 (住む) ▸▸ 살기 위해서
   <ruby>살<rt>サル</rt></ruby><ruby>다<rt>ダ</rt></ruby> ▸▸ <ruby>살<rt>サル</rt></ruby><ruby>기<rt>ギ</rt></ruby> <ruby>위<rt>ウィ</rt></ruby><ruby>해<rt>ヘ</rt></ruby><ruby>서<rt>ソ</rt></ruby>

4. 배우다 (学ぶ) ▸▸ 배우기 위해서
   <ruby>배<rt>ベ</rt></ruby><ruby>우<rt>ウ</rt></ruby><ruby>다<rt>ダ</rt></ruby> ▸▸ <ruby>배<rt>ベ</rt></ruby><ruby>우<rt>ウ</rt></ruby><ruby>기<rt>ギ</rt></ruby> <ruby>위<rt>ウィ</rt></ruby><ruby>해<rt>ヘ</rt></ruby><ruby>서<rt>ソ</rt></ruby>

5. 살을 빼다 (痩せる) ▸▸ 살을 빼기 위해서
   <ruby>살<rt>サ</rt></ruby><ruby>을<rt>ルル</rt></ruby> <ruby>빼<rt>ッペ</rt></ruby><ruby>다<rt>ダ</rt></ruby> ▸▸ <ruby>살<rt>サ</rt></ruby><ruby>을<rt>ルル</rt></ruby> <ruby>빼<rt>ッペ</rt></ruby><ruby>기<rt>ギ</rt></ruby> <ruby>위<rt>ウィ</rt></ruby><ruby>해<rt>ヘ</rt></ruby><ruby>서<rt>ソ</rt></ruby>

☑ 例文で確認しよう 🔊 123

1. 최애의 굿즈를 사기 위해서 홍대에 왔어요.
   （推しのグッズを買うために弘大に来ました。）

2. 많이 먹기 위해서 운동을 해요.
   （たくさん食べるために運動をします。）

3. 남친 생일을 축하하기 위해서 쿠키를 만들 거야.
   （彼氏の誕生日を祝うためにクッキーを作るよ。）

☑ 会話で確認しよう 🔊 124

일을 진짜 많이 하네요.
（仕事を本当にたくさんしますね。）

한국에 살기 위해서 돈을 모으고 있거든요.
（韓国に住むためにお金を貯めているんですよ。）

술자리에는 누구누구 오나요?
(スル チャ リ エ ヌン ヌ グ ヌ グ / オ ナ ヨ)

飲み会には誰と誰が来ますか？

こんな場面で使うよ

> 요体と同様に会話でよく使い、
> 知りたい事実を確認するときに使うよ

$$오다 ⊘ \rightarrow 오 \rightarrow 오나요?$$

オダ（来る・降る） ・ オ ・ オナヨ（来ますか？）

1 動詞の基本形から「다」を取るよ。

2 「-나요?」をつけるよ。

★ タメ口は「-나?」になるよ。「ㄹ」脱落に気をつけてね。

1. **먹다** (食べる) モクタ ▶▶ **먹나요?** モンナヨ

2. **열다** (開ける) ヨルダ ▶▶ **여나요?** ヨナヨ 「ㄹ」脱落 p266 参照

3. **남았다** (残った) ナマッタ ▶▶ **남았나요?** ナマンナヨ

4. **했다** (した・やった) ヘッタ ▶▶ **했나요?** ヘンナヨ

5. **못 마시다** (飲めない) モンマシダ ▶▶ **못 마시나요?** モンマシナヨ

☑ 例文で確認しよう 🔊 127

1. **술자리에는 누구누구 오나요?** スルチャリエヌン ヌグヌグ オナヨ
   (飲み会には誰と誰が来ますか？)

2. **남편 분께서도 매운 음식 잘 먹나요?** ナムピョン ブンッケソド メウ ヌムシク チャル モンナヨ
   (旦那さんも辛いものをよく食べますか？)

3. **오늘은 휴일인데 문을 여나?** オヌルン ヒュイリンデ ムヌル ヨナ
   (今日は休日だけど開いてるかな？)

☑ 会話で確認しよう 🔊 128

시간이 얼마나 남았나요? シガニ オルマナ ナマンナヨ
(時間はどのくらい残っていますか？)

한 시간쯤 남았어요. ハン シガンッチュム ナマッソヨ
(あと1時間ぐらい残っています。)

DAY 31-40

083

🔊 129

노래 연습을 하고 나서
ノ レ　ヨン ス ブル ハ ゴ ナ ソ

안무 연습을 했어요.
アン ム　ヨン ス ブル　ヘッ ソ ヨ

歌の練習をしてから
ダンスの練習をしました。

こんな場面で使うよ

前の行動の後に
別の行動が続くときに使うよ

하ᴺ ▸▸ 하 ▸▸ 하고 나서
ハ ダ　　ハ　　　　　ハ ゴ ナ ソ
（する・やる）　　　　　　（してから）

1 動詞の基本形から「**다**」を取るよ。
　　　　　　　　　　　タ

2 「**-고 나서**」をつけるよ。
　　　　コ ナ ソ

☑ 練習してみよう　🔊 130

(1) 지우다 (落とす・消す) ▸▸ 지우고 나서
　　チ ウ ダ　　　　　　　　*チ ウ ゴ ナ ソ*

(2) 환전하다 (両替する) ▸▸ 환전하고 나서
　　ファン ジョ ナ ダ　　　　　　*ファン ジョ ナ ゴ ナ ソ*

(3) 넣다 (入れる) ▸▸ 넣고 나서
　　ノ タ　　　　　　　*ノ コ ナ ソ*

(4) 듣다 (聞く) ▸▸ 듣고 나서
　　トゥッ タ　　　　　　*トゥッ コ ナ ソ*

(5) 사귀다 (付き合う) ▸▸ 사귀고 나서
　　サ グィ ダ　　　　　　　*サ グィ ゴ ナ ソ*

☑ 例文で確認しよう　🔊 131

(1) 노래 연습을 하고 나서 안무 연습을 했어요.
　　ノ レ ヨン ス ブル ハ ゴ ナ ソ アン ム ヨン ス ブル ヘッ ソ ヨ
　　(歌の練習をしてからダンスの練習をしました。)

(2) 클렌징 폼으로 지우고 나서 세수하세요.
　　クル レン ジン ポ ム ロ チ ウ ゴ ナ ソ セ ス ハ セ ヨ
　　(クレンジングフォームで落としてから顔を洗ってください。)

(3) 환전하고 나서 체크인하는 건 어때?
　　ファン ジョ ナ ゴ ナ ソ チェ ク イ ナ ヌン ゴン オ ッテ
　　(両替してからチェックインするのはどう？)

☑ 会話で確認しよう　🔊 132

불이 안 켜져! (電気が点かない！)
ブ リ アン キョ ジョ

거기에 카드를 넣고 나서 켜 봐!
コ ギ エ カ ドゥ ルル ノ コ ナ ソ キョ ブァ
(そこにカードを入れてから点けてみて！)

🔊 133

キ ダ リ ヌン ドン アン
기다리는 동안
ムォ ヘッ ソ ヨ
뭐 했어요?

待っている間、何をしましたか？

こんな場面で使うよ

ある行動をする間、別にする行動を表すよ

キ ダ リ ダ   キ ダ リ   キ ダ リ ヌン ドン アン
기다리다 ▸▸ 기다리 ▸▸ 기다리는 동안
（待つ）   （待っている間）

1 動詞の基本形から「다」を取るよ。

2 「-는 동안」をつけるよ。

★ 「ㄹ」脱落に気をつけてね。

☑ 練習してみよう 🔊 134

(1) **다니다** (通う) ^{タ ニ ダ} ▸▸ **다니는 동안** ^{タ ニ ヌン ドゥ アン}

(2) **만들다** (作る) ^{マンドゥル ダ} ▸▸ **만드는 동안** ^{マンドゥ ヌン ドゥ アン} 「ㄹ」脱落 p266 参照

(3) **살다** (住む) ^{サル ダ} ▸▸ **사는 동안** ^{サ ヌン ドゥ アン} 「ㄹ」脱落 p266 参照

(4) **듣다** (聞く) ^{トゥッ タ} ▸▸ **듣는 동안** ^{トゥン ヌン ドゥ アン}

(5) **돌보다** (面倒をみる) ^{トル ボ ダ} ▸▸ **돌보는 동안** ^{トル ボ ヌン ドゥ アン}

☑ 例文で確認しよう 🔊 135

(1) **기다리는 동안 뭐 했어요?** ^{キ ダ リ ヌン ドゥ アン ムォ ヘッ ソ ヨ}
（待っている間、何をしましたか？）

(2) **대학교를 다니는 동안 알바를 많이 했어요.** ^{テ ハ ク キョ ル ル タ ニ ヌン ドゥ アン アル バ ル ル マ ニ ヘッ ソ ヨ}
（大学に通っている間、アルバイトをたくさんしました。）

(3) **내가 음식을 만드는 동안에 술 좀 사다 줘.** ^{ネ ガ ウム シ グル マンドゥ ヌン ドゥ ア ネ スル ジョム サ ダ ジュォ}
（私が料理を作っている間に、お酒を買って来て。）

☑ 会話で確認しよう 🔊 136

원래 술 약했잖아요? ^{ウォル レ スル ヤ ケッチャ ナ ヨ}
（元々お酒弱かったじゃないですか？）

한국에 사는 동안 술이 진짜 늘었어요. ^{ハン グ ゲ サ ヌン ドゥ アン ス リ チンッチャ ヌ ロッ ソ ヨ}
（韓国に住んでいる間に強くなりました。）

읽는 거보다 듣는 게
イン ヌン ゴ ボ ダ トゥン ヌン ゲ
어려워요.
オ リョ ウォ ヨ

読むことより聞くことが難しいです。

こんな場面で使うよ

動作を「〜することが」と表せるよ

듣ㅼ ▸▸ 듣 ▸▸ 듣는 게
トゥッ タ　　　トゥッ　　　トゥン ヌン ゲ
（聞く）　　　　　　　（聞くことが）

1 動詞の基本形から「다」を取るよ。
タ

2 「-는 게」をつけるよ。
ヌン ゲ

★「ㄹ」脱落に気をつけてね。

☑ 練習してみよう　🔊 138

(1) **일어나다** (起きる)　イロナダ　▸▸ **일어나는 게**　イロナヌンゲ

(2) **해 놓다** (やっておく)　ヘノタ　▸▸ **해 놓는 게**　ヘノンヌンゲ

(3) **가다** (行く)　カダ　▸▸ **가는 게**　カヌンゲ

(4) **타다** (乗る)　タダ　▸▸ **타는 게**　タヌンゲ

(5) **놀다** (遊ぶ)　ノルダ　▸▸ **노는 게**　ノヌンゲ　「ㄹ」脱落 p266 参照

☑ 例文で確認しよう　🔊 139

(1) インヌン ゴ ボダ トゥンヌン ゲ オリョウォ ヨ
읽는 거보다 듣는 게 어려워요.
（読むことより聞くことが難しいです。）

(2) チョン アチメ イルッチク イロナヌン ゲ ノム ヒムドゥロ ヨ
전 아침에 일찍 일어나는 게 너무 힘들어요.
（私は朝早く起きるのがとても大変です。）

(3) チグム ヘ ノンヌン ゲ チョウル コ カタ
지금 해 놓는 게 좋을 거 같아.
（今やっておくのがいいと思う。）

☑ 会話で確認しよう　🔊 140

ボス タゴ ガヌン ゲ ナッチ アナ
버스 타고 가는 게 낫지 않아?
（バスに乗って行くのがいいんじゃない？）

ナン ハング ゲソ ボス タヌン ゲ ム ソウォ
난 한국에서 버스 타는 게 무서워….
（私は韓国でバスに乗るのが怖い…。）

한국 사람한테 한국어를 배우고 있어요.

ハン グク サ ラム ハンテ ハン グ ゴ ルル
ペ ウ ゴ イッ ソ ヨ

韓国人から韓国語を習っています。

가 카 까

こんな場面で使うよ

送ったりもらったり知識を教えたりする
行為の対象を表すよ

ハン グク サ ラム
한국 사람 ▸ **한국 사람한테**
（韓国人）　　　　（韓国人から）

1 名詞の後ろに「-한테 / -에게」をつけるよ。

★ 「-한테」は話し言葉として、「-에게」は書き言葉としてよく使うよ。
★ 敬語「差し上げる」は「-께」を使おう。

☑ 練習してみよう　🔊 142

(1) <ruby>조카<rt>チョカ</rt></ruby> (甥・姪)　▶▶　<ruby>조카한테<rt>チョカ ハンテ</rt></ruby>・<ruby>조카에게<rt>チョカ エ ゲ</rt></ruby>

(2) <ruby>전남친<rt>チョンナムチン</rt></ruby> (元彼)　▶▶　<ruby>전남친한테<rt>チョンナム チ ナンテ</rt></ruby>・<ruby>전남친에게<rt>チョンナム チ ネ ゲ</rt></ruby>

(3) <ruby>선생님<rt>ソンセンニム</rt></ruby> (先生)　▶▶　<ruby>선생님께<rt>ソンセンニムッケ</rt></ruby>

(4) <ruby>여러분<rt>ヨ ロ ブン</rt></ruby> (皆さん)　▶▶　<ruby>여러분께<rt>ヨ ロ ブンッケ</rt></ruby>

(5) <ruby>강아지<rt>カン ア ジ</rt></ruby> (子犬)　▶▶　<ruby>강아지에게<rt>カン ア ジ エ ゲ</rt></ruby>

☑ 例文で確認しよう　🔊 143

(1) <ruby>한국<rt>ハングク</rt></ruby> <ruby>사람한테<rt>サ ラ マンテ</rt></ruby> <ruby>한국어를<rt>ハング ゴルル</rt></ruby> <ruby>배우고<rt>ペ ウ ゴ</rt></ruby> <ruby>있어요<rt>イッ ソ ヨ</rt></ruby>.
（韓国人から韓国語を習っています。）

(2) <ruby>빼빼로를<rt>ッペッペ ロ ルル</rt></ruby> <ruby>사서<rt>サ ソ</rt></ruby> <ruby>조카에게<rt>チョカ エ ゲ</rt></ruby> <ruby>줬어요<rt>ジュォッソ ヨ</rt></ruby>.
（ポッキーを買って姪にあげました。）

(3) <ruby>전남친한테<rt>チョンナム チ ナンテ</rt></ruby> <ruby>연락이<rt>ヨ ラ ギ</rt></ruby> <ruby>왔다고<rt>ワッ タ ゴ</rt></ruby>?
（元彼から連絡が来たって？）

☑ 会話で確認しよう　🔊 144

<ruby>주말에<rt>チュ マ レ</rt></ruby> <ruby>뭐<rt>ムォ</rt></ruby> <ruby>하세요<rt>ハ セ ヨ</rt></ruby>? （週末、何されますか？）

<ruby>선생님께<rt>ソンセンニムッケ</rt></ruby> <ruby>드릴<rt>トゥ リル</rt></ruby> <ruby>선물을<rt>ソン ム ルル</rt></ruby> <ruby>사러<rt>サ ロ</rt></ruby> <ruby>가요<rt>ガ ヨ</rt></ruby>.
（先生に差し上げるプレゼントを買いに行きます。）

한국어 공부를 열심히 하겠습니다.
ハン グ ゴ ゴン ブ ルル ヨル シ ミ
ハ ゲッスム ニ ダ

韓国語の勉強を一生懸命します。

こんな場面で使うよ

自分の意志を表すよ

ハ ダ   ハ   ハ ゲッスム ニ ダ
하다 ▸▸ 하 ▸▸ 하겠습니다
（する・やる）   （します）

1 動詞の基本形から「다」を取るよ。
                                              タ

2 「-겠습니다」をつけるよ。
        ケッ スム ニ ダ

★ 「-겠습니다」のタメ口は「-겠어」になるけど、「-ㄹ/을게」（DAY60）
    ケッスム ニ ダ　　　　　　　　　　　ケッソ　　　　　　　ル ウルケ
のほうがより自然だよ。

☑ 練習してみよう 🔊 146

1. 시작하다 (始める) ▶▶ 시작하겠습니다
   シ ジャカ ダ — *シ ジャカ ゲッスム ニ ダ*

2. 보내다 (送る) ▶▶ 보내겠습니다
   ポ ネ ダ — *ポ ネ ゲッスム ニ ダ*

3. 만들다 (作る) ▶▶ 만들겠습니다
   マンドゥル ダ — *マンドゥル ゲッスム ニ ダ*

4. 사 오다 (買ってくる) ▶▶ 사 오겠습니다
   サ オダ — *サ オ ゲッスム ニ ダ*

5. 늦지 않다 (遅れない) ▶▶ 늦지 않겠습니다
   ヌッ チ アンタ — *ヌッ チ アン ゲッスム ニ ダ*

☑ 例文で確認しよう 🔊 147

1. 한국어 공부를 열심히 하겠습니다.
   ハン グ ゴ ゴンブ ルル ヨル シ ミ ハ ゲッスム ニ ダ
   (韓国語の勉強を一生懸命します。)

2. 지금부터 시작하겠습니다. (今から始めます。)
   チ グム ブ ト シ ジャカ ゲッスム ニ ダ

3. 내가 직접 포장해서 보낼게. (私が直接包装して送るよ。)
   ネ ガ チクチョプ ポ ジャン ヘ ソ ポ ネルケ

☑ 会話で確認しよう 🔊 148

제가 떡볶이를 만들게요.
チェ ガ ットク ポク キ ルル マンドゥル ケ ヨ
(私がトッポッキを作ります。)

전 편의점에 가서 음료수와
チョン ピョ ニ ジョ メ カ ソ ウムリョ ス ワ
과자를 사 오겠습니다.
クァ ジャ ルル サ オ ゲッスム ニ ダ
(私はコンビニに行って飲み物とお菓子を買ってきます。)

한국에 살다가 보니
<small>ハン グ ゲ サル ダ ガ ボ ニ</small>

한국어가 금방 늘던데요.
<small>ハン グ ゴ ガ クム バン ヌル ドン デ ヨ</small>

韓国に住んでいたら、
韓国語がすぐ伸びたんです。

こんな場面で使うよ

ある行動を続けていたら
新しい発見や結果に繋がったことを表すよ

살<s>다</s> ▸ 살 ▸ 살다가 보니
<small>サル ダ</small>　　<small>サル</small>　　<small>サル ダ ガ ボ ニ</small>
（住む）　　　　　　　（住んでいたら）

1 動詞の基本形から「다」を取るよ。
<small>タ</small>

2 「-다가 보니」をつけるよ。
<small>タ ガ ボ ニ</small>

★会話の場合「가」は省略する場合が多いよ。
<small>カ</small>

☑ 練習してみよう　◀》 150

① 웃다 (笑う)　▸▸ 웃다가 보니

② 만나다 (会う)　▸▸ 만나다가 보니

③ 타다 (乗る)　▸▸ 타다가 보니

④ 신다 (履く)　▸▸ 신다가 보니

⑤ 연습하다 (練習する)　▸▸ 연습하다가 보니

☑ 例文で確認しよう　◀》 151

① 한국에 살다가 보니 한국어가 금방 늘던데요.
（韓国に住んでいたら、韓国語がすぐ伸びたんです。）

② 자주 웃다 보니 인상이 좋아진 것 같아요.
（よく笑っているうちに印象がよくなったようです。）

③ 몇 번 만나다 보니 사귀게 됐어.
（何回か会っているうちに付き合うようになった。）

☑ 会話で確認しよう　◀》 152

한국에서 버스 타는 거 무섭지 않아요?
（韓国でバスに乗るの怖くないですか？）

자주 타다 보니 익숙해졌어요.
（よく乗っていたら慣れました。）

095

🔊 153

チン ジョ ラ ゲ　ソル ミョン ヘ　ジュ ショ ソ
친절하게 설명해 주셔서

カム サ ハム ニ ダ
감사합니다.

親切に説明して頂き
ありがとうございます。

こんな場面で使うよ

形容詞について後ろの動詞を修飾し、
動作を具体的に伝えるよ

チン ジョ ラ ダ　　　　　　チン ジョ ラ　　　　　チン ジョ ラ ゲ
친절하~~다~~ ▸▸ 친절하 ▸▸ 친절하게
（親切だ）　　　　　　　　　　　　　　　　　（親切に）

1 形容詞の基本形から「다」を取るよ。

2 「-게」をつけるよ。

☑ 練習してみよう　🔊 154

① 싸다 (安い) ッサ ダ ▸▸ 싸게 ッサ ゲ

② 가깝다 (近い) カッカプ タ ▸▸ 가깝게 カッカプ ゲ

③ 어떻다 (どうだ) オ ット タ ▸▸ 어떻게 オ ット ケ

④ 길다 (長い) キル ダ ▸▸ 길게 キル ゲ

⑤ 달다 (甘い) タル ダ ▸▸ 달게 タル ゲ

☑ 例文で確認しよう　🔊 155

① 친절하게 설명해 주셔서 감사합니다.
チンジョ ラ ゲ ソルミョン ヘ ジュショ ソ カム サ ハム ニ ダ
（親切に説明して頂きありがとうございます。）

② 비행기 티켓 싸게 사는 방법을 알아요?
ビ ヘン ギ ティ ケッ ッサ ゲ サ ヌン バン ボ ブル ア ラ ヨ
（飛行機のチケットを安く買う方法を知っていますか？）

③ 이 길로 오니까 가깝게 느껴지네.
イ ギル ロ オ ニ ッカ カッカプ ケ ヌ ッキョ ジ ネ
（この道を通ると近く感じるよね。）

☑ 会話で確認しよう　🔊 156

오이는 어떻게 자를까요?
オ イ ヌン オ ット ケ チャ ルル ッカ ヨ
（キュウリはどのように切りましょうか？）

이렇게 길게 잘라 주세요.
イ ロ ケ キル ゲ チャ ル ラ ジュ セ ヨ
（このように長く切ってください。）

한국이요? 전 그렇게 춥지 않던데요.

ハン グ ギョ　チョン ク ロ ケ
チュプ チ　アン トン デ ヨ

韓国ですか？　私はそんなに
寒くなかったんですよ。

こんな場面で使うよ

過去の出来事や事実について、
回想しながら伝えるよ

チュプ チ　アン タ　　チュプ チ　アン　　チュプ チ　アン トン デ ヨ
춥지 않~~다~~ ▶▶ **춥지 않** ▶▶ **춥지 않던데요**
（寒くない）　　　　　　　　　　　　　（寒くなかったんですよ）

1 動詞・形容詞の基本形から「**다**」を取るよ。
タ

2 「**-던데요**」をつけるよ。
トン デ ヨ

★ タメ口は「**-던데**」になるよ。
トン デ

☑ 練習してみよう　　◀» 158

(1) 많다 (多い)　　▸▸ 많던데요
　　マン タ　　　　　　マントン デ ヨ

(2) 없다 (いない・ない)　　▸▸ 없던데요
　　オプ タ　　　　　　　　　オプトン デ ヨ

(3) 도착하다 (到着する)　　▸▸ 도착하던데요
　　ト チャ カ ダ　　　　　　　　ト チャ カ ドンデ ヨ

(4) 자다 (寝る)　　▸▸ 자던데요
　　チャ ダ　　　　　　　チャドン デ ヨ

(5) 멀지 않다 (遠くない)　　▸▸ 멀지 않던데요
　　モル ジ アン タ　　　　　　　　モル ジ アントン デ ヨ

☑ 例文で確認しよう　　◀» 159

(1) 한국이요? 전 그렇게 춥지 않던데요.
　　ハン グ ギ ヨ　チョン ク ロ ケ チュプ チ アントン デ ヨ
　　(韓国ですか？　私はそんなに寒くなかったんですよ。)

(2) 에노시마에 가니까 한국 사람이 많던데요.
　　エ ノ シ マ エ カ ニ ッカ ハングク サ ラ ミ マントン デ ヨ
　　(江ノ島に行ったら韓国人が多かったんですよ。)

(3) 한국어 못 해도 문제 없던데.
　　ハン グ ゴ モ テ ド ムンジェ オプ トン デ
　　(韓国語できなくても問題なかったんだよ。)

☑ 会話で確認しよう　　◀» 160

> 역에서 얼마나 걸렸어요?
> ヨ ゲ ソ オル マ ナ コルリョッ ソ ヨ
> (駅からどれくらいかかりましたか？)

> 얼마 안 걸렸어요. 금방 도착하던데요.
> オル マ アン ゴルリョッ ソ ヨ　クムバン ト チャ カ ドンデ ヨ
> (あまりかかりませんでした。すぐ到着したんですよ。)

1

최애의 굿즈를 (   ) 홍대에 왔어요.

① 사게　　　　　　　② 사는 게
③ 사는 동안　　　　　④ 사기 위해서

2

비행기 티켓 (   ) 사는 방법을 알아요?

① 싸고 해서　　　　　② 싸던
③ 싸기는 하지만　　　④ 싸게

3

술자리에는 누구누구 (   )?

① 하나요　　　　　　② 오나요
③ 사나요　　　　　　④ 타나요

4

전 아침에 일찍 (   ) 너무 힘들어요.

① 일어나는 동안　　　② 일어나는 게
③ 일어나기 위해서　　④ 일어나다가

5

자주 (   ) 인상이 좋아진 것 같아요.

① 웃지 말고　　　　　② 웃던
③ 웃다 보니　　　　　④ 웃는데도

DAY 31-40

6

( ) 체크인하는 건 어때?

① 환전하다가   ② 환전하는 게
③ 환전하고 나서   ④ 환전하던

7

한국에 ( ) 술이 진짜 늘었어요.

① 사는 동안   ② 살기 위해서
③ 사는 게   ④ 살던

8

전남친( ) 연락이 왔다고?

① 보다   ② 한테
③ 처럼   ④ 부터

9

한국이요? 전 그렇게 ( ).

① 춥지 않겠습니다   ② 춥잖아요
③ 춥지 않던데요   ④ 춥겠습니다

10

지금부터 ( ).

① 시작하는 편이에요   ② 시작하지 않겠습니다
③ 시작하지 못해요   ④ 시작하겠습니다

성형 수술에 대해서
（ソン ヒョン ス スル エ デ ヘ ソ）

어떻게 생각해요?
（オッ ッ ケ セン ガ ケ ヨ）

美容整形手術について
どう思いますか？

こんな場面で使うよ

日本語の「〜について」と
同じように使えるよ

성형 수술 ▸▸ 성형 수술에 대해서
（ソン ヒョン ス スル）　　（ソン ヒョン ス ス レ デ ヘ ソ）
（美容整形手術）　　　　　（美容整形手術について）

1 名詞の後ろに「-에 대해서」をつけるよ。
（エ デ ヘ ソ）

☑️ **練習してみよう**　🔊 162

① 앨범 *エルボム* (アルバム) ▸▸ 앨범에 대해서 *エルボメデヘソ*

② 자신 *チャシン* (自分) ▸▸ 자신에 대해서 *チャシネデヘソ*

③ 깻잎 논쟁 *ッケンニムノンジェン* (エゴマの葉論争) ▸▸ 깻잎 논쟁에 대해서 *ッケンニムノンジェンエデヘソ*

④ 장래 *チャンネ* (将来) ▸▸ 장래에 대해서 *チャンネエデヘソ*

⑤ 교육 *キョユク* (教育) ▸▸ 교육에 대해서 *キョユゲデヘソ*

DAY 41-50

☑️ **例文で確認しよう**　🔊 163

① 성형 수술에 대해서 어떻게 생각해요? *ソンヒョンススレデヘソオットケセンガケヨ*
（美容整形手術についてどう思いますか？）

② 최애가 새 앨범에 대해서 이야기했어요. *チュエガセエルボメデヘソイヤギヘッソヨ*
（推しが新しいアルバムについて話しました。）

③ 자신에 대해서 생각해 본 적이 없어. *チャシネデヘソセンガケボンジョギオプソ*
（自分について考えてみたことがない。）

☑️ **会話で確認しよう**　🔊 164

깻잎 논쟁에 대해서 어떻게 생각해요? *ッケンニムノンジェンエデヘソオットケセンガケヨ*
（エゴマの葉論争についてどう思いますか？）

깻잎 논쟁이 뭐예요? *ッケンニムノンジェンイムォエヨ*
（エゴマの葉論争って何ですか？）

아무 말도 안 하고
ア ム マ ル ド ア ナ ゴ

웃기만 해요.
ウッ キ マ ネ ヨ

何も言わずに、ただ笑うだけです。

こんな場面で使うよ

他にはなく
1つに限定されるときに使うよ

ウッ タ   ウッ   ウッ キ マ ネ ヨ
웃̶다̶ ‣‣ 웃 ‣‣ 웃기만 해요
(笑う)   (笑うだけです)

1 動詞・形容詞の基本形から「다」を取るよ。
                                  タ

2 キ マ ネ ヨ
「-기만 해요」をつけるよ。

★ タメ口は「-기 만해」になるよ。
                   キ マ ネ

☑ **練習してみよう** 🔊 166

(1) チュプ タ
춥다 (寒い) ▶▶ チュプ キ マ ネ ヨ
춥기만 해요

(2) ナ ダ
나다 (出る) ▶▶ ナ ギ マ ネ ヨ
나기만 해요

(3) チャ ダ
자다 (寝る) ▶▶ チャ ギ マ ネ ヨ
자기만 해요

(4) ア プ ダ
아프다 (痛い) ▶▶ ア プ ギ マ ネ ヨ
아프기만 해요

(5) ット ドゥル ダ
떠들다 (騒ぐ) ▶▶ ット ドゥル ギ マ ネ ヨ
떠들기만 해요

☑ **例文で確認しよう** 🔊 167

(1) ア ム マル ド ア ナ ゴ ウッ キ マ ネ ヨ
아무 말도 안 하고 웃기만 해요.
(何も言わずに、ただ笑うだけです。)

(2) バ ラム ド アン ブル ゴ チュプ キ マ ネ ヨ
바람도 안 불고 춥기만 해요.
(風も吹かず寒いだけです。)

(3) カム ギ エ コルリョッ ヌン デ ヨルン オプ コ キ チ ミ ナ ギ マ ネ
감기에 걸렸는데 열은 없고 기침이 나기만 해.
(風邪を引いたけど、熱はなくて咳が出るだけだよ。)

☑ **会話で確認しよう** 🔊 168

ナム ピョ ヌン チュ マ レ チ ベ ソ ムォ ヘ ヨ
남편은 주말에 집에서 뭐 해요?
(旦那さんは週末に家で何していますか？)

ット キ ク ニャン チャ ギ マ ネ ヨ
딱히…그냥 자기만 해요.
(別に…ただ寝ているだけです。)

최애를 직접 보니까 정말 멋있더라고요.

チュェ エ ル ル チク チョプ ポ ニ ッカ
チョン マル モ シッ ト ラ ゴ ヨ

推しを直接見たら、
本当に格好よかったです。

こんな場面で使うよ

過去の出来事で感じたことを伝えるよ

モ シッ タ   モ シッ   モ シッ ト ラ ゴ ヨ

멋있~~다~~ ▸▸ **멋있** ▸▸ **멋있더라고요**

（格好いい）   （格好よかったです）

1 動詞・形容詞の基本形から「다」を取るよ。

2 「-더라고요」をつけるよ。

★タメ口は「-더라」になるよ。

☑ 練習してみよう 🔊 170

① 많다 (多い) マン タ ▸▸ 많더라고요 マントラゴヨ

② 부르다 (歌う・呼ぶ) ブルダ ▸▸ 부르더라고요 ブルドラゴヨ

③ 맛있다 (美味しい) マ シッ タ ▸▸ 맛있더라고요 マ シットラゴヨ

④ 덥다 (暑い) トプ タ ▸▸ 덥더라고요 トプトラゴヨ

⑤ 복잡하다 (複雑だ) ポクチャ パ ダ ▸▸ 복잡하더라고요 ポクチャ パ ドラゴヨ

☑ 例文で確認しよう 🔊 171

① 최애를 직접 보니까 정말 멋있더라고요.
チュェ エ ルル チクチョプ ポ ニッカ チョンマル モ シットラゴヨ
(推しを直接見たら、本当に格好よかったです。)

② 크리스마스라서 사람이 진짜 많더라고요.
ク リ ス マ ス ラ ソ サ ラ ミ チンッチャ マントラゴヨ
(クリスマスだから人が本当に多かったんですよ。)

③ 민석이는 노래를 잘 부르더라.
ミン ソ ギ ヌン ノ レ ルル チャル ブ ル ドラ
(ミンソクは歌がうまかったよ。)

☑ 会話で確認しよう 🔊 172

그 가게 어땠어요? (その店どうでしたか？)
ク ガ ゲ オ ッテッ ソ ヨ

분위기도 좋고 음식도 맛있더라고요.
ブ ヌィ ギ ド チョ コ ウム シク ト マ シットラゴヨ
(雰囲気もいいし、食べ物も美味しかったんですよ。)

가격에 비해서 맛있어서
カ ギョ ゲ ビ ヘ ソ マ シッ ソ ソ

깜짝 놀랐어요.
ッカム ッチャン ノル ラッ ソ ヨ

値段に比べて美味しくて
びっくりしました。

こんな場面で使うよ

日本語の 「〜に比べて」「〜のわりに」 と
同じように使えるよ

가격 ▸▸ 가격에 비해서
カ ギョク   カ ギョ ゲ ビ ヘ ソ

(値段)   (値段に比べて)

1 名詞の後ろに 「-에 비해서」 をつけるよ。
エ ビ ヘ ソ

☑ 練習してみよう   ◀» 174

(1) <ruby>어제<rt>オ ジェ</rt></ruby> (昨日) ▶▶ <ruby>어제에 비해서<rt>オ ジェ エ ビ ヘ ソ</rt></ruby>

(2) <ruby>키<rt>キ</rt></ruby> (身長) ▶▶ <ruby>키에 비해서<rt>キ エ ビ ヘ ソ</rt></ruby>

(3) <ruby>산 것<rt>サン ゴッ</rt></ruby> (住んだこと) ▶▶ <ruby>산 것에 비해서<rt>サン ゴ セ ビ ヘ ソ</rt></ruby>

(4) <ruby>먹는 것<rt>モン ヌン ゴッ</rt></ruby> (食べること) ▶▶ <ruby>먹는 것에 비해서<rt>モン ヌン ゴ セ ビ ヘ ソ</rt></ruby>

(5) <ruby>몸무게<rt>モム ム ゲ</rt></ruby> (体重) ▶▶ <ruby>몸무게에 비해서<rt>モム ム ゲ エ ビ ヘ ソ</rt></ruby>

☑ 例文で確認しよう   ◀» 175

(1) <ruby>가격에 비해서 맛있어서 깜짝 놀랐어요.<rt>カ ギョ ゲ ビ ヘ ソ マ シッソ ソ ッカムッチャン ノル ラッ ソ ヨ</rt></ruby>
（値段に比べて美味しくてびっくりしました。）

(2) <ruby>어제에 비해서 따뜻하네요.<rt>オ ジェ エ ビ ヘ ソ ッタ ットゥタ ネ ヨ</rt></ruby>
（昨日に比べて暖かいですね。）

(3) <ruby>우리 오빠는 키에 비해서 다리가 긴 편이야.<rt>ウ リ オ ッパヌン キ エ ビ ヘ ソ タ リ ガ キン ピョ ニ ヤ</rt></ruby>
（私の彼氏は身長のわりに足が長いほうだよ。）

☑ 会話で確認しよう   ◀» 176

<ruby>한국어 잘하시네요.<rt>ハン グ ゴ チャ ラ シ ネ ヨ</rt></ruby> （韓国語がお上手ですね。）

<ruby>한국에 5년 산 것에 비해서 잘하는 편은<rt>ハン グ ゲ オ ニョン サン ゴ セ ビ ヘ ソ チャ ラ ヌン ピョ ヌン</rt></ruby>
<ruby>아니에요.<rt>ア ニ エ ヨ</rt></ruby>
（韓国に5年住んだわりには上手なほうではありません。）

109

🔊 177

ソン　セン　ニム　ヨン　オ　シル　リョク　グン
선생님 영어 실력은
イル　ボ　ノ　マン　モ　テ　ヨ
일본어만 못해요.

先生の英語の実力は
日本語ほどではありません。

Hello~

こんな場面で使うよ

前の内容が後ろの内容には
及ばないことを表すよ

イル　ボ　ノ　　　　　　　　イル　ボ　ノ　マン　モ　テ　ヨ
일본어 ▸▸ **일본어만 못해요**

（日本語）　　　　　（日本語ほどではありません）

1 名詞の後ろに「-만 못해요」をつけるよ。

★ タメ口は「-만 못해」になるよ。

☑ 練習してみよう　　　◀) 178

(1) 소설 (小説)
ソ ソル
▶▶ 소설만 못해요
ソ ソルマン モ テ ヨ

(2) 나온 것 (出たもの)
ナ オン ゴッ
▶▶ 나온 것만 못해요
ナ オン ゴンマン モ テ ヨ

(3) 전작 (前作)
チョン ジャク
▶▶ 전작만 못해요
チョン ジャッマン モ テ ヨ

(4) 원작 (原作)
ウォン ジャク
▶▶ 원작만 못해요
ウォン ジャッマン モ テ ヨ

(5) 보는 것 (見ること)
ポ ヌン ゴッ
▶▶ 보는 것만 못해요
ポ ヌン ゴンマン モ テ ヨ

☑ 例文で確認しよう　　　◀) 179

(1) 선생님 영어 실력은 일본어만 못해요.
ソンセン ニム ヨン オ シル リョグン イル ポ ノ マン モ テ ヨ
（先生の英語の実力は日本語ほどではありません。）

(2) 영화 〈비빔밥 이야기〉는 소설만 못해요.
ヨン ファ ビ ビム パ ビ ヤ ギ ヌン ソ ソルマン モ テ ヨ
（映画の「ビビンバ物語」は小説ほどではありません。）

(3) 이번에 나온 핸드폰은 작년에 나온 것만 못해.
イ ボ ネ ナ オン ヘンドゥ ポ ヌン チャン ニョ ネ ナ オン ゴンマン モ テ
（今回出た携帯電話は昨年出たものほどではない。）

☑ 会話で確認しよう　　　◀) 180

영화 〈범죄 서울3〉 어땠어요?
ヨン ファ ポムジュェ ソ ウルスリ オ ッテッ ソ ヨ
（映画「犯罪ソウル3」どうでしたか？）

전작만 못해요. （前作ほどではないです。）
チョン ジャッ マン モ テ ヨ

111

<ruby>한국에서<rt>ハング ゲソ</rt></ruby> <ruby>눈썹<rt>ヌン ッソム</rt></ruby> <ruby>문신을<rt>ムン シヌ</rt></ruby> <ruby>하고<rt>ラ ゴ</rt></ruby>
<ruby>싶은데<rt>シ プンデ</rt></ruby> <ruby>조금<rt>チョ グム</rt></ruby> <ruby>걱정이에요.<rt>コク チョン イ エ ヨ</rt></ruby>

韓国でアートメイクをしたいけど
少し心配です。

こんな場面で使うよ

日本語の「〜たいけど」と
同じように使えるよ

<ruby>하<del>다</del><rt>ハ ダ</rt></ruby> ▸▸ <ruby>하<rt>ハ</rt></ruby> ▸▸ <ruby>하고 싶은데<rt>ハ ゴ シ プンデ</rt></ruby>
（する・やる）　　　　　　（したいけど）

1 動詞の基本形から「<ruby>다<rt>タ</rt></ruby>」を取るよ。
2 「<ruby>-고 싶은데<rt>コ シ プンデ</rt></ruby>」をつけるよ。

☑ 練習してみよう 　　　🔊 182

(1) 먹다 (食べる)　▸▸ 먹고 싶은데
　　モクタ　　　　　　モッコ　シプンデ

(2) 사다 (買う)　▸▸ 사고 싶은데
　　サダ　　　　　　サゴ　シプンデ

(3) 마시다 (飲む)　▸▸ 마시고 싶은데
　　マシダ　　　　　　マ　シゴ　シプンデ

(4) 잘하다 (上手にする)　▸▸ 잘하고 싶은데
　　チャラダ　　　　　　　チャラゴ　シプンデ

(5) 보내다 (送る)　▸▸ 보내고 싶은데
　　ポネダ　　　　　　ポネゴ　シプンデ

☑ 例文で確認しよう 　　　🔊 183

(1) 한국에서 눈썹 문신을 하고 싶은데 조금 걱정이에요.
　　ハング ゲソ ヌンッソム ムンシヌ ラゴ シプンデ チョグム コクチョン イ エ ヨ
　　(韓国でアートメイクをしたいけど少し心配です。)

(2) 진짜 먹고 싶은데 다이어트를 하고 있어요.
　　チンッチャ モッコ シプンデ タイ オトゥルル ハゴ イッソヨ
　　(本当に食べたいけどダイエットをしています。)

(3) 저 셔츠 사고 싶은데 너무 비싸네.
　　チョ ショチュ サゴ シプンデ ノム ビッサネ
　　(あのシャツ買いたいけど高すぎるね。)

☑ 会話で確認しよう 　　　🔊 184

술 안 마셔요? (お酒飲まないんですか？)
スル アン マショヨ

마시고 싶은데 다음 주에 바프 촬영이 있어요.
マ シゴ シプンデ タウム チュエ バプ チュアリョン イ イッソヨ
(飲みたいけど来週ボディプロフィール撮影があります。)

113

再確認（〜ですよね・〜ますよね）

◀》185

술집에 자주 가지요?
〈スル チ ベ チャ ジュ カ ジ ヨ〉

居酒屋によく行きますよね？

こんな場面で使うよ

相手に再度確認したいときに使うよ

〈カ ダ〉　　　　　　〈カ〉　　　　〈カ ジ ヨ〉
가~~다~~ ▸▸ 가 ▸▸ 가지요?
（行く）　　　　　　　　　　　（行きますよね？）

1 動詞・形容詞の基本形から「다〈タ〉」を取るよ。

2 「-지요?〈チ ヨ〉」をつけるよ。

★タメ口は「-지?〈チ〉」になるよ。

☑ 練習してみよう　　◀))186

1) 쌀쌀하다 (肌寒い)
ッサルッサラ ダ
▶▶ 쌀쌀하지요?
ッサルッサラ ジ ヨ

2) 먹을 수 있다 (食べられる)
モ グル ス イッタ
▶▶ 먹을 수 있지요?
モ グル ス イッチ ヨ

3) 사랑하다 (愛する)
サ ラン ハ ダ
▶▶ 사랑하지요?
サ ラン ハ ジ ヨ

4) 쉬었다 (休んだ)
スィオッタ
▶▶ 쉬었지요?
スィオッ チ ヨ

5) 맛있었다 (美味しかった)
マ シッソッ タ
▶▶ 맛있었지요?
マ シッソッ チ ヨ

☑ 例文で確認しよう　　◀))187

1) 술집에 자주 가지요?
スル チ ベ チャジュ カ ジ ヨ
（居酒屋によく行きますよね？）

2) 도쿄는 따뜻한데 서울은 아직 쌀쌀하지요?
ト キョ ヌン ッタットゥ タン デ ソ ウ ルン ア ジク ッサルッサ ラ ジ ヨ
（東京は暖かいけど、ソウルはまだ肌寒いですよね？）

3) 너 간장 게장 먹을 수 있지?
ノ カンジャン ゲ ジャン モ グル ス イッチ
（君、カンジャンケジャン食べられるよね？）

☑ 会話で確認しよう　　◀))188

남친을 사랑하지요? (彼氏を愛していますよね？)
ナム チ ヌル サ ラン ハ ジ ヨ

사실 저도 제 마음을 모르겠어요.
サ シル チョ ド チェ マ ウ ムル モ ル ゲッソ ヨ
（実は私も自分の気持ちが分かりません。）

115

가즈에 씨는 남친을 사귀더니 더 예뻐졌어요.

_{カ ジュ エ ッシ ヌン ナム チ ヌル}
_{サ グィ ド ニ ト イェ ッポ ジョッ ソ ヨ}

かずえさんは彼氏と付き合って、
もっときれいになりました。

こんな場面で使うよ

過去の経験や行動が、
今の結果に繋がっているときに使うよ

_{サ グィ ダ}　　_{サ グィ}　　_{サ グィ ド ニ}
사귀~~다~~ ▸▸ **사귀** ▸▸ **사귀더니**
（付き合う）　　　　　　（付き合って）

1 動詞・形容詞の基本形から「**다**」を取るよ。

2 「**-더니**」をつけるよ。

★ 「-더니」は主語が3人称の場合しか使えないので気をつけてね。

☑ 練習してみよう ◀)) 190

(1) 좋아하다 (好きだ・好む) ▸▸ 좋아하더니

(2) 벌다 (稼ぐ) ▸▸ 벌더니

(3) 따뜻하다 (暖かい) ▸▸ 따뜻하더니

(4) 살다 (住む) ▸▸ 살더니

(5) 맛있다 (美味しい) ▸▸ 맛있더니

☑ 例文で確認しよう ◀)) 191

(1) 가즈에 씨는 남친을 사귀더니 더 예뻐졌어요.
（かずえさんは彼氏と付き合って、もっときれいになりました。）

(2) 언니는 어렸을 때부터 고양이를 좋아하더니
고양이 카페에 취직했어요.
（姉は幼いときから猫が好きで、猫カフェに就職しました。）

(3) 선생님은 돈을 열심히 벌더니 건물을 세웠어.
（先生はお金を熱心に稼いでビルを建てた。）

☑ 会話で確認しよう ◀)) 192

낮에는 따뜻하더니 밤에는 쌀쌀하네요.
（昼は暖かかったけど夜は肌寒いですね。）

추우면 제 가디건 걸칠래요?
（寒かったら私のカーティガン羽織りますか？）

117

感謝・理由 (〜のおかげで)

여러분 덕분에 여기까지
<ヨ ロ ブン ドゥ プ ネ ヨ ギッ カ ジ>

올 수 있었어요.
<オル ス イッ ソッ ソ ヨ>

皆さんのおかげでここまで
来ることができました。

こんな場面で使うよ

日本語の 「〜のおかげで」 と
同じように使えるよ

여러분 <ヨ ロ ブン> ▸ **여러분 덕분에** <ヨ ロ ブン ドゥ プ ネ>

（皆さん）　　　　　（皆さんのおかげで）

1 名詞の後ろに 「-덕분에」 <トゥ ブ ネ> をつけるよ。

118

☑ 練習してみよう 🔊 194

① **아내** (妻) ▸▸ **아내 덕분에**
ア ネ / ア ネ ドゥブ ネ

② **오빠들** (お兄さんたち) ▸▸ **오빠들 덕분에**
オ ッパドゥル / オ ッパドゥル ドゥブ ネ

③ **선생님** (先生) ▸▸ **선생님 덕분에**
ソン セン ニム / ソン セン ニム ドゥ ブ ネ

④ **상사** (上司) ▸▸ **상사 덕분에**
サン サ / サン サ ドゥ ブ ネ

⑤ **장학금** (奨学金) ▸▸ **장학금 덕분에**
チャン ハク クム / チャン ハク クム ドゥ ブ ネ

☑ 例文で確認しよう 🔊 195

① **여러분 덕분에 여기까지 올 수 있었어요.**
ヨ ロ ブン ドゥブ ネ ヨ ギッカジ オル ス イッソッ ソ ヨ
(皆さんのおかげでここまで来ることができました。)

② **아내 덕분에 제 방은 항상 깨끗해요.**
ア ネ ドゥブ ネ チェ バンウン ハンサン ッケックッ テ ヨ
(妻のおかげで私の部屋はいつもきれいです。)

③ **좋은 언니와 오빠들 덕분에 한국 생활이 너무 즐거웠어.**
チョ ウ ノンニ ワ オ ッパドゥル ドゥブ ネ ハングク センファ リ ノ ム チュル ゴ ウォッ ソ
(いいお姉さんとお兄さんたちのおかげで、韓国の生活はとても楽しかった。)

☑ 会話で確認しよう 🔊 196

> **선생님 덕분에 합격할 수 있었어요.**
> ソン セン ニム ドゥ ブ ネ ハブ キョ カル ス イッソッ ソ ヨ
> (先生のおかげで合格できました。)

> **아니에요, 에리 씨가 열심히**
> ア ニ エ ヨ エ リ ッシ ガ ヨル シ ミ
> **공부했기 때문이에요.**
> コン ブ ヘッ キ ッテ ム ニ エ ヨ
> (いいえ、エリさんが頑張って勉強したからですよ。)

위험하니까
ウィ ホ マ ニ ッカ

만지지 마세요.
マン ジ ジ マ セ ヨ

危険だから触らないでください。

こんな場面で使うよ

行動しないように命令するよ

만지<s>다</s> ▸▸ 만지 ▸▸ 만지지 마세요
マン ジ ダ   マン ジ   マン ジ ジ マ セ ヨ
（触る）   （触らないでください）

1 動詞の基本形から「다」を取るよ。
               タ

2 「-지 마세요」をつけるよ。
      チ マ セ ヨ

★ タメ口は「-지 마」になるよ。
            チ マ

☑ 練習してみよう　　　　　　　　　　🔊 198

① 걱정하다 (心配する)　▶▶ 걱정하지 마세요
コクチョン ハ ダ　　　　　　　　　　コクチョン ハ ジ マ セ ヨ

② 말하다 (言う・話す)　▶▶ 말하지 마세요
マ ラ ダ　　　　　　　　　　マ ラ ジ マ セ ヨ

③ 피우다 (吸う)　▶▶ 피우지 마세요
ピ ウ ダ　　　　　　　　　　ピ ウ ジ マ セ ヨ

④ 들어오다 (入る・入ってくる)　▶▶ 들어오지 마세요
トゥロ オ ダ　　　　　　　　　　トゥロ オ ジ マ セ ヨ

⑤ 화내다 (怒る)　▶▶ 화내지 마세요
ファ ネ ダ　　　　　　　　　　ファ ネ ジ マ セ ヨ

☑ 例文で確認しよう　　　　　　　　　　🔊 199

① 위험하니까 만지지 마세요.
ウィ ホ マ ニ ッカ マン ジ ジ マ セ ヨ
(危険だから触らないでください。)

② 제가 해결할 테니까 너무 걱정하지 마세요.
チェ ガ ヘ ギョ ラル テ ニ ッカ ノ ム コクチョン ハ ジ マ セ ヨ
(私が解決しますので、あまり心配しないでください。)

③ 비밀이니까 아무에게도 말하지 마.
ビ ミ リ ニ ッカ ア ム エ ゲ ド マ ラ ジ マ
(秘密だから誰にも言わないで。)

☑ 会話で確認しよう　　　　　　　　　　🔊 200

여기에서 담배를 피우지 마세요.
ヨ ギ エ ソ タム ベ ル ビ ウ ジ マ セ ヨ
(ここでタバコを吸わないでください。)

죄송합니다. 금연인지 몰랐어요….
チェ ソン ハム ニ ダ　ク ミョ ニン ジ モル ラッ ソ ヨ
(すみません。禁煙だとは知りませんでした…。)

1

이번에 나온 핸드폰은 작년에 나온 것(　　　).

① 같아　　　　　② 지 마세요
③ 더라고　　　　④ 만 못해

2

저 셔츠 (　　　) 너무 비싸네.

① 사는 동안　　　② 사다가
③ 사고 싶은데　　④ 사더니

3

선생님은 돈을 열심히 (　　　) 건물을 세웠어.

① 벌던　　　　　② 벌더니
③ 벌지 말고　　　④ 벌던데

4

깻잎 논쟁에 (　　　) 어떻게 생각해요?

① 대해서　　　　② 처럼
③ 비해서　　　　④ 덕분에

5

비밀이니까 아무에게도 (　　　).

① 말하지 마　　　② 말하더라고
③ 하지 마　　　　④ 하더라고

本書で学習した例文です。文が完成するように、空欄に入る表現を選んでください。解答は p234 をご覧ください。

6

술집에 자주 (　　　)?

① 가지요　　　　② 맞지요
③ 받지요　　　　④ 벌지요

7

아무 말도 안 하고 (　　　).

① 울지 못해요　　② 울지 마세요
③ 웃기만 해요　　④ 웃지 마세요

8

분위기도 좋고 음식도 (　　　).

① 맛없더라고요　　　② 맛있더라고요
③ 맛없기만 해요　　　④ 맛없는 편이에요

9

여러분(　　　) 여기까지 올 수 있었어요.

① 비해서　　　　② 덕분에
③ 부터　　　　　④ 한테

10

우리 오빠는 키(　　　) 다리가 긴 편이야.

① 에 대해서　　　② 대해서
③ 에 비해서　　　④ 비해서

123

3년 만에 한국에 가요.

サムニョン　マ ネ　ハングゲ　カ ヨ

3 年ぶりに韓国に行きます。

こんな場面で使うよ

日本語の「〜ぶりに」と同じように使えるよ

サムニョン　　　　　サムニョン　マ ネ
3년 ▸▸ **3년 만에**
（3年）　　　　　（3年ぶりに）

1 名詞の後ろに「-만에」をつけるよ。

☑ 練習してみよう　　　🔊 202

(1) 일주일 (1週間)　_{イル チュイル}　▸▸　일주일 만에　_{イル チュイル　マ　ネ}

(2) 한참 (しばらく)　_{ハン ヂャム}　▸▸　한참 만에　_{ハン チャム　マ　ネ}

(3) 몇 년 (何年)　_{ミョン ニョン}　▸▸　몇 년 만에　_{ミョン ニョン　マ　ネ}

(4) 얼마 (どれほど・いくら)　_{オルマ}　▸▸　얼마 만에　_{オルマ　マ　ネ}

(5) 세 달 (3か月)　_{セ ダル}　▸▸　세 달 만에　_{セ ダル　マ　ネ}

☑ 例文で確認しよう　　　🔊 203

(1) 3년 만에 한국에 가요. (3年ぶりに韓国に行きます。)
_{サム ニョン　マ　ネ　ハン グ ゲ　カ ヨ}

(2) 일주일 만에 제대로 된 식사를 했어요.
_{イル チュイル　マ　ネ　チェ デ ロ　ドゥェン　シク サ ルル　ヘッ ソ ヨ}
(1週間ぶりにまともな食事をしました。)

(3) 어깨를 다쳐서 한참 만에 운동을 다시 시작했어.
_{オ ッケルル　タ チョ ソ　ハン チャム　マ　ネ　ウン ドン ウル　タ シ　シ ジャケッ ソ}
(肩を怪我してしばらくぶりに運動を再開した。)

☑ 会話で確認しよう　　　🔊 204

몇 년 만에 부모님과 만나요?
_{ミョン ニョン　マ　ネ　ブ モ ニムグァ　マンナ ヨ}
(何年ぶりに両親に会いますか？)

코로나 때문에 3년 만에 만나요.
_{コ ロ ナ　ッテム ネ　サム ニョン　マ　ネ　マン ナ ヨ}
(コロナのせいで3年ぶりに会います。)

DAY 52 | -고말고요

同調（〜ですとも・〜ますとも）

◀）205

그럼요, 알고말고요.

クロムニョ アルゴマルゴヨ

もちろんです、知っていますとも。

こんな場面で使うよ

相手の意見に強く同調するときに使うよ

알다 ▸ 알 ▸ 알고말고요
（分かる・知る）　　　　（知っていますとも）

1 動詞・形容詞の基本形から「다」を取るよ。

2 「-고말고요」をつけるよ。

★ タメ口は「-고말고」になるよ。

☑ 練習してみよう　🔊 206

1. 좋아하다 _{チョア ハ ダ}(好きだ・好む)　▶▶ 좋아하고말고요 _{チョア ハ ゴ マルゴ ヨ}

2. 착하다 _{チャカ ダ}(優しい)　▶▶ 착하고말고요 _{チャカ ゴ マルゴ ヨ}

3. 가다 _{カ ダ}(行く)　▶▶ 가고말고요 _{カ ゴ マルゴ ヨ}

4. 있다 _{イッ タ}(いる・ある)　▶▶ 있고말고요 _{イッ コ マルゴ ヨ}

5. 크다 _{ク ダ}(大きい)　▶▶ 크고말고요 _{ク ゴ マルゴ ヨ}

☑ 例文で確認しよう　🔊 207

1. 그럼요, 알고말고요. (もちろんです、知っていますとも。)

2. 커피요? 좋아하고말고요!
（コーヒーですか？　好きですとも！）

3. 착하고말고! 거기다가 얼굴도 예뻐.
（優しいとも！　それに顔もきれい。）

☑ 会話で確認しよう　🔊 208

유진 씨도 소풍 갈 거지요?
（ユジンさんも遠足に行きますよね？）

가고말고요. 너무 기대돼요.
（行きますとも。とても楽しみです。）

127

感嘆・驚き （〜ですね・〜ますね）

🔊 209

생각보다 안경이
センガクポダ アンギョンイ
잘 어울리네요.
チャ ロ ウル リ ネ ヨ

思ったよりメガネが
よく似合いますね。

こんな場面で使うよ

「〜ですね・〜ますね」といった
感嘆や驚きを表すよ

어울리<s>다</s> ▸ 어울리 ▸ 어울리네요
オ ウル リ ダ（似合う）　　オ ウル リ　　オ ウル リ ネ ヨ（似合いますね）

1 動詞・形容詞の基本形から「다」を取るよ。
タ

2 「-네요」をつけるよ。
ネ ヨ

★ タメ口は「-네」になるよ。「ㄹ」脱落に気をつけてね。
ネ

☑ 練習してみよう　🔊 210

① 비싸다 (高い(値段)) ▸▸ 비싸네요

② 먹다 (食べる) ▸▸ 먹네요

③ 일어나다 (起きる) ▸▸ 일어나네요

④ 길다 (長い) ▸▸ 기네요 「ㄹ」脱落 p266 参照

⑤ 가볍다 (軽い) ▸▸ 가볍네요

☑ 例文で確認しよう　🔊 211

① 생각보다 안경이 잘 어울리네요.
（思ったよりメガネがよく似合いますね。）

② 서울도 집세가 정말 비싸네요.
（ソウルも家賃が本当に高いですね。）

③ 매운 음식을 잘 먹네. (辛いものをよく食べるね。)

☑ 会話で確認しよう　🔊 212

전 요즘 5시에 일어나요.
（私は最近 5 時に起きます。）

일찍 일어나네요. 이유가 있어요?
（早く起きますね。理由がありますか？）

DAY 51-60

129

DAY 54

インデ
-인데
前置き・逆接 (～ですが・～なのに)

🔊 213

ハン ミョン インデ トゥロガド
한 명인데 들어가도
ドゥェ ヨ
돼요?

1人ですが入ってもいいですか？

こんな場面で使うよ

名詞につけて、前置きとして背景や状況を
伝えたり、逆の内容を伝えたりできるよ

ハン　ミョン　　　　　　ハン　ミョン イン デ
한 명 ▸ 한 명인데
　　(1人)　　　　　　　(1人ですが)

1 名詞の後ろに「-인데」をつけるよ。

130

☑ 練習してみよう　🔊 214

(1) E (アルファベットのE)　イ　▶▶ E인데　イ イン デ

(2) 40대 (40代)　サシプ テ　▶▶ 40대인데　サシプ テ イン デ

(3) 만점 (満点)　マン チョム　▶▶ 만점인데　マン チョ ミン デ

(4) 휴일 (休日)　ヒュ イル　▶▶ 휴일인데　ヒュ イ リン デ

(5) 평일 (平日)　ピョン イル　▶▶ 평일인데　ピョン イ リン デ

☑ 例文で確認しよう　🔊 215

(1) 한 명인데 들어가도 돼요?
　ハン ミョン イン デ トゥ ロ ガ ド ドゥェ ヨ
（1人ですが入ってもいいですか？）

(2) MBTI가 E인데 I 같은 면도 있어요.
　エム ビ ティアイ ガ イ イン デ アイ ガ トゥン ミョン ド イッ ソ ヨ
（MBTI（性格診断テスト）がEなのにIのような面もあります。）

(3) 언니는 40대인데 20대처럼 보여.
　オン ニ ヌン サシプ テ イン デ イシプ テ チョ ロム ポ ヨ
（お姉さんは40代なのに20代のように見える。）

☑ 会話で確認しよう　🔊 216

시험 결과가 어땠어요?
シ ホム ギョル グァ ガ オ ッテッ ソ ヨ
（試験の結果はどうでしたか？）

듣기는 만점인데 읽기에서 하나 틀렸어요.
トゥッ キ ヌン マン チョ ミン デ イルキ エ ソ ハ ナ トゥル リョッ ソ ヨ
（聞き取りは満点ですが、読みで1つ間違いました。）

요즘 연애는 SNS로 하거나 앱으로 하는 것 같아요.

ヨ ジュム ヨ ネ ヌン エス エ ネス ロ ハ ゴ ナ
エ ブ ロ ハ ヌン ゴッ カ タ ヨ

最近、恋愛は SNS でしたり
アプリでするみたいです。

こんな場面で使うよ

2つのことを並列するときに使うよ

ハ ダ ⟩⟩ ハ ⟩⟩ ハ ゴ ナ
하<del>다</del> ▶ 하 ▶ 하거나
(する・やる)　　　　　　(したり)

1 動詞・形容詞の基本形から「다」を取るよ。

2 「-거나」をつけるよ。

☑ 練習してみよう　　　　　　　　　　　🔊 218

1. 흐리다 (曇る)　　▸▸ 흐리거나
   <small>フリダ</small>　　　　　　<small>フリゴナ</small>

2. 크다 (大きい)　　▸▸ 크거나
   <small>クダ</small>　　　　　　<small>クゴナ</small>

3. 먹다 (食べる)　　▸▸ 먹거나
   <small>モクタ</small>　　　　　<small>モクコナ</small>

4. 멀다 (遠い)　　▸▸ 멀거나
   <small>モルダ</small>　　　　　<small>モルゴナ</small>

5. 믿다 (信じる)　　▸▸ 믿거나
   <small>ミッタ</small>　　　　　<small>ミッコナ</small>

☑ 例文で確認しよう　　　　　　　　　　🔊 219

1. 요즘 연애는 SNS로 하거나 앱으로 하는 것 같아요.
   <small>ヨジュム ヨ ネヌン エスエヌロ ハ ゴ ナ エ ブ ロ ハ ヌン ゴッ カ タ ヨ</small>
   （最近、恋愛は SNS でしたりアプリでするみたいです。）

2. 내일은 흐리거나 비가 올 거예요.
   <small>ネ イ ルン フ リ ゴ ナ ピ ガ オル コ エ ヨ</small>
   （明日は曇るか雨が降るでしょう。）

3. 키가 크거나 작거나 상관없어.
   <small>キ ガ ク ゴ ナ チャク コ ナ サングァノプ ソ</small>
   （背が高いか低いかは関係ない。）

☑ 会話で確認しよう　　　　　　　　　　🔊 220

> 신오쿠보에 가면 보통 뭘 먹어요?
> <small>シ ノ ク ボ エ カ ミョン ポ トン ムォル モ ゴ ヨ</small>
> （新大久保に行ったら普段何を食べますか？）

> 삼겹살을 먹거나 치킨을 먹어요.
> <small>サムギョプ サ ルル モク コ ナ チ キ ヌル モ ゴ ヨ</small>
> （サムギョプサルを食べたり、チキンを食べます。）

DAY 56 | -는 걸
ヌン ゴル

動詞の名詞化【目的語】(〜ことを・〜のを)

🔊 221

> メ イル アル ラム マッ チュ ヌン ゴル
> # 매일 알람 맞추는 걸
> イ ジョ ボ リョ ヨ
> # 잊어버려요.

毎日、目覚まし時計を
設定するのを忘れます。

こんな場面で使うよ

動作を「〜ことを・〜のを」と表せるよ

マッ チュ ダ　　　　　マッ チュ　　　　マッ チュ ヌン　ゴル
맞추다 ▸ **맞추** ▸ **맞추는 걸**
(設定する)　　　　　　　　　　　　(設定するのを)

1 動詞の基本形から「다」を取るよ。
タ

2 「-는 걸」をつけるよ。
ヌン ゴル

★ 「ㄹ」脱落に気をつけてね。

★ 「〜が好きだ」は、助詞「-을/-를(〜を)」を使って「-을/-를 좋아하다」
　ウル ルル　　　　　　　　　　ウル ルルチョア ハ ダ
　になるよ。p269 参照

☑ 練習してみよう　　🔊 222

(1) 보다 ^{ボ ダ}(見る・観る)　▸▸ 보는 걸 ^{ボ ヌン ゴル}

(2) 먹다 ^{モク タ}(食べる)　▸▸ 먹는 걸 ^{モン ヌン ゴル}

(3) 울다 ^{ウル ダ}(泣く)　▸▸ 우는 걸 ^{ウ ヌン ゴル}　「ㄹ」脱落 p266 参照

(4) 입다 ^{イプ タ}(着る)　▸▸ 입는 걸 ^{イム ヌン ゴル}

(5) 바꾸다 ^{バ ック ダ}(変える・替える)　▸▸ 바꾸는 걸 ^{バ ックヌン ゴル}

☑ 例文で確認しよう　　🔊 223

(1) 매일 알람 맞추는 걸 잊어버려요.
^{メ イル アル ラム マッチュヌン ゴル イ ジョ ボ リョ ヨ}
（毎日、目覚まし時計を設定するのを忘れます。）

(2) 아이돌 사진 보는 걸 좋아해요.
^{ア イ ドル サ ジン ボ ヌン ゴル チョア ヘ ヨ}
（アイドルの写真を見ることが好きです。）

(3) 드라마를 보면서 밥 먹는 걸 좋아해.
^{トゥ ラ マ ルル ボ ミョン ソ バム モン ヌン ゴル チョ ア ヘ}
（ドラマを見ながらご飯を食べるのが好き。）

☑ 会話で確認しよう　　🔊 224

정말로 남편 우는 모습을 본 적이 없어요?
^{チョン マル ロ ナム ピョン ウ ヌン モ スプ ブル ボン ジョ ギ オプ ソ ヨ}
（本当に夫が泣く姿を見たことがないですか？）

네, 한번도 우는 걸 본 적이 없어요.
^{ネ ハン ボンド ウ ヌン ゴル ボン ジョ ギ オプ ソ ヨ}
（はい、一度も泣くのを見たことがないです。）

김포공항에서 홍대까지
キムポコンハンエソ　ホンデッカジ

30분밖에 안 걸려요?
サムシブプンバッケ　アン　ゴルリョヨ

金浦空港から弘大まで
30分しかかかりませんか？

김포공항 ⟷ 홍대입구

こんな場面で使うよ

内容を制限したり、
他に選択の余地がなかったりすることを表すよ

サムシブプン
30분
（30分）

▸▸

サムシブプン　バッ　ケ
30분밖에
（30分しか）

① 名詞の後ろに「-밖에」をつけるよ。
バッ　ケ

☑ **練習してみよう** 🔊 226

① 고기 (お肉) ▸▸ 고기밖에
　　コ ギ　　　　　　　コ ギ バク ケ

② 너 (君) ▸▸ 너밖에
　　ノ　　　　　　　ノ バク ケ

③ 서울 (ソウル) ▸▸ 서울밖에
　　ソ ウル　　　　　ソ ウル バク ケ

④ 한 시간 (1時間) ▸▸ 한 시간밖에
　　ハン シ ガン　　　　ハン シ ガン バク ケ

⑤ 조금 (少し) ▸▸ 조금밖에
　　チョ グム　　　　　チョ グム バク ケ

☑ **例文で確認しよう** 🔊 227

① 김포공항에서 홍대까지 30분밖에 안 걸려요?
　キム ポ コン ハン エ ソ ホン デ ッカ ジ サムシプブン バク ケ アン ゴル リョ ヨ
（金浦空港から弘大まで30分しかかかりませんか？）

② 남편과 아이들은 고기밖에 안 먹어요.
　ナムビョングァ ア イ ド ルン コ ギ バク ケ アン モ ゴ ヨ
（夫と子供たちは肉しか食べません。）

③ 아는 한국 사람은 너밖에 없어.
　ア ヌン ハングク サ ラ ムン ノ バク ケ オプ ソ
（知っている韓国人は君しかいない。）

☑ **会話で確認しよう** 🔊 228

서울 말고 부산이나 다른 도시는 안 가 봤어요?
ソ ウル マル ゴ ブ サ ニ ナ タ ルン ド シ ヌン アン ガ ファッ ソ ヨ
（ソウルじゃなくて釜山とか他の都市は行ったことないですか？）

서울밖에 안 가 봤어요.
ソ ウル バク ケ アン ガ ファッ ソ ヨ
（ソウルしか行ったことがありません。）

数量が予想を超えた驚き (〜も)

고양이를 네 마리나
키워요?
コ ヤン イ ル ル ネ マ リ ナ キ ウォ ヨ

猫を4匹も飼っていますか？

こんな場面で使うよ

数量が予想を超えていて驚いたときに使うよ

- 네 마리 (4匹) ▸▸ 네 마리나 (4匹も)
  ネ マ リ　　　　　ネ マ リ ナ

- 다섯 시간 ▸▸ 다섯 시간이나
  タ ソッ シ ガン　　タ ソッ シ ガ ニ ナ
  （5時間）　　　　　（5時間も）

1 名詞の最後の文字にパッチムがない場合は
「-나」、パッチムがある場合は
ナ
「-이나」をつけるよ。
イ ナ

☑ 練習してみよう　🔊 230

① 세 개 (3つ)　▶▶ 세 개나

② 두 번 (2回)　▶▶ 두 번이나

③ 백 만 원 (百万ウォン)　▶▶ 백 만 원이나

④ 세 대 (3台)　▶▶ 세 대나

⑤ 4인분 (4人前)　▶▶ 4인분이나

☑ 例文で確認しよう　🔊 231

① 고양이를 네 마리나 키워요?
（猫を4匹も飼っていますか？）

② 어제는 아내하고 다섯 시간이나 걸었어요.
（昨日は妻と5時間も歩きました。）

③ 아이스크림이 맛있어서 세 개나 먹었어.
（アイスクリームが美味しくて3つも食べたよ。）

☑ 会話で確認しよう　🔊 232

 우리 언니는 하루에 두 번 근육 운동을 해요.
（私の姉は1日に2回筋トレをします。）

두 번이나요? (2回もですか？)

139

新しい発見・理由 (〜たら・〜から)

🔊 233

ナッ チャ ムル   ジャ ゴ   イ ロ ナ ニッ カ
낮잠을 자고 일어나니까

パ ミ   ドゥェ   イッ ソッ ソ ヨ
밤이 돼 있었어요.

昼寝して起きたら
夜になっていました。

こんな場面で使うよ

ある行動をして、新たに知ったことや、
「〜から・〜ので」のように理由を表すよ

イ ロ ナ ダ　　　　　　　イ ロ ナ　　　　　　イ ロ ナ ニッ カ
• 일어나~~다~~ ▸▸ 일어나 ▸▸ 일어나니까
（起きる）　　　　　　　　　　　　　　　（起きたら）

チョ タ　　　　　　　　　チョ　　　　チョ ウ ニッ カ
• 좋~~다~~ （いい）▸▸ 좋 ▸▸ 좋으니까 （いいから）

1 動詞・形容詞の基本形から「**다**」を取るよ。
　　　　　　　　　　　　　　　　　　　　　　タ

2 最後の文字にパッチムがない場合は「**-니까**」、
　　　　　　　　　　　　　　　　　　　　　　　　ニッカ
　　ある場合は「**-으니까**」をつけるよ。
　　　　　　　　　　ウ ニッカ

★不規則の変換に気をつけてね。

✓ 練習してみよう 🔊 234

① 열다 (開ける) ▸▸ 여니까 「ㄹ」脱落 p266 参照
ヨルダ　　　　　　　　　　　　　ヨ ニッカ

② 생각해 보다 (考えてみる) ▸▸ 생각해 보니까
センガケ ボダ　　　　　　　　　　　　センガケ ボニッカ

③ 들어가다 (入る・入っていく) ▸▸ 들어가니까
トゥロガダ　　　　　　　　　　　　　トゥロ ガ ニッカ

④ 켜다 (点ける) ▸▸ 켜니까
キョダ　　　　　　　　　　　キョ ニッカ

⑤ 낫다 (治る) ▸▸ 나으니까 不規則「ㄷ」 p262 参照
ナッタ　　　　　　　　　　　ナ ウ ニッカ

✓ 例文で確認しよう 🔊 235

① 낮잠을 자고 일어나니까 밤이 돼 있었어요.
ナッチャムル ジャゴ イ ロ ナ ニッカ パ ミ ドゥェ イッソッ ソ ヨ
(昼寝して起きたら夜になっていました。)

② 냉장고 문을 여니까 아무것도 없었어요.
ネンジャン ゴ ム ヌル ヨ ニッカ ア ム ゴット オプソッ ソ ヨ
(冷蔵庫のドアを開けたら何もありませんでした。)

③ 날씨가 좋으니까 걸을까?
ナルッシ ガ チョ ウ ニッカ コルルッカ
(天気がいいから歩こうか?)

✓ 会話で確認しよう 🔊 236

다시 생각해 보니까 제가 잘못한 것 같습니다.
タ シ センガ ケ ボ ニッカ チェ ガ チャル モ タン ゴッ カッスム ニ ダ
(もう一度考えてみたら私が間違っていたようです。)

아닙니다. 저도 말이 심했습니다.
ア ニム ニ ダ　チョ ド マ リ シ メッスム ニ ダ
(いいえ、私も言い過ぎました。)

141

🔊 237

イ ボ ネン チェ ガ ネルケ ヨ
이번엔 제가 낼게요.

今回は私が奢りますよ。

こんな場面で使うよ

意思を表すよ。
疑問文では使わないので気をつけてね

ネ ダ　　　　　　　　　　　　 ネ　　　 ネルケ ヨ
- 내<s>다</s> (出す・奢る) ▸▸ 내 ▸▸ 낼게요 (奢ります)

モク タ　　　　　　　 モク　　　 モ グルケ ヨ
- 먹<s>다</s> (食べる) ▸▸ 먹 ▸▸ 먹을게요 (食べます)

1 動詞の基本形から「다」を取るよ。

2 最後の文字にパッチムがない場合は「-ㄹ게요」<ᴸᵏᵉᵒ>、
ある場合は「-을게요」<ᵘᴸᵘᵏᵉᵒ> をつけるよ。

★ タメ口は「-ㄹ/을게」<ᴸ ᵘᴸᵘᵏᵉ> になるよ。不規則の変換に気をつけてね。

☑ 練習してみよう 🔊 238

① 지각하지 않다 (遅刻しない) ▸▸ 지각하지 않을게요
チガ カジ アンタ　　　　　　　　　　チガ カジ ア ヌル ケ ヨ

② 예약하다 (予約する) ▸▸ 예약할게요
イェ ヤ カ ダ　　　　　　　　　イェ ヤ カル ケ ヨ

③ 알아보다 (調べる) ▸▸ 알아볼게요
ア ラ ボ ダ　　　　　　　　　ア ラ ボル ケ ヨ

④ 갔다 오다 (行ってくる) ▸▸ 갔다 올게요
カッタ オ ダ　　　　　　　　　　　カッタ オル ケ ヨ

⑤ 씻다 (洗う・お風呂に入る) ▸▸ 씻을게요
ッシッ タ　　　　　　　　　　　　　ッシ スル ケ ヨ

⑥ 싣다 (積む・載せる) ▸▸ 실을게요　不規則「ㄷ」
シッ タ　　　　　　　　　　　　シ ルル ケ ヨ　p262 参照

☑ 例文で確認しよう 🔊 239

① 이번엔 제가 낼게요. (今回は私が奢りますよ。)
イ ボ ネン チェ ガ ネル ケ ヨ

② 앞으로는 지각하지 않을게요. (これからは遅刻しません。)
ア プ ロ ヌン チ ガ カジ ア ヌル ケ ヨ

③ 이거 안 먹으면 내가 먹을게.
イ ゴ アン モ グ ミョン ネ ガ モ グル ケ
(これ食べないなら私が食べるよ。)

☑ 会話で確認しよう 🔊 240

호텔은 제가 예약할게요.
ホ テ ルン チェ ガ イェ ヤ カル ケ ヨ
(ホテルは私が予約します。)

그럼 비행기 티켓은 제가 알아볼게요.
ク ロム ビ ヘン ギ ティ ケ スン チェ ガ ア ラ ボル ケ ヨ
(では、飛行機のチケットは私が調べます。)

文法の復習

1

( ) 제대로 된 식사를 했어요.

① 일주일 덕분에
② 일주일한테
③ 일주일부터
④ 일주일 만에

2

냉장고 문을 ( ) 아무것도 없었어요.

① 열다가
② 열니까
③ 열더니
④ 여니까

3

이번엔 제가 ( ).

① 낼게요
② 내지 마세요
③ 내더라고요
④ 내던데요

4

커피요? ( )!

① 좋아할게요
② 좋아할게요
③ 좋아하고말고요
④ 좋아하지 못해요

5

생각보다 안경이 잘 ( ).

① 어울리게 됐어요
② 어울리겠습니다
③ 어울리네요
④ 어울리고말고요

6

매일 알람 (　　　) 잊어버려요.

① 맞추더니　　　② 맞추는 걸

③ 맞추거나　　　④ 맞추던데

7

아는 한국 사람은 너(　　　) 없어.

① 부터　　　② 밖에

③ 한테　　　④ 비해서

8

한 명(　　　) 들어가도 돼요?

① 인데　　　② 밖에

③ 이나　　　④ 만에

9

어제는 아내하고 다섯 시간(　　　) 걸었어요.

① 부터　　　② 만에

③ 밖에　　　④ 이나

10

내일은 (　　　) 비가 올 거예요.

① 흐리거나　　　② 흐리는 걸

③ 흐리더니　　　④ 흐리게

前置き・逆接 (〜けど・〜くて・〜ので)

^サ^ラ^ミ ^マ^{ヌン}^デ ^タ^{ルン} ^デ ^ロ
사람이 많은데 다른 데로
^{カル}^{ッカ}^ヨ
갈까요?

人が多いので他の所に
行きましょうか？

こんな場面で使うよ

形容詞につけて、前置きとして背景や状況を伝えたり、
逆の内容を伝えたりできるよ

- ^ク^ダ ^ク ^{クン}^デ
  크다 (大きい) ▶▶ 크 ▶▶ 큰데 (大きいので)
- ^{マン}^タ ^{マン} ^マ^{ヌン}^デ
  많다 (多い) ▶▶ 많 ▶▶ 많은데 (多いので)

1 形容詞の基本形から「다」を取るよ。

2 最後の文字にパッチムがない場合は「-ㄴ데」、
ある場合は「-은데」をつけるよ。

★ 不規則の変換に気をつけてね。
★ ^マ^{シッタ} ^モ^{ドッタ} ^{イッタ} ^{オプタ}「맛있다 / 멋없다」のように「-있다 / -없다」で終わる形容詞は
  ^{ヌン}^デ「-는데」をつけるよ。

☑ 練習してみよう 🔊 242

① 시원하다 (涼しい・スッキリする) ▶▶ 시원한데
シ ウォ ナ ダ / シ ウォ ナン デ

② 같다 (同じだ) ▶▶ 같은데
カッ タ / カ トゥン デ

③ 맛있다 (美味しい) ▶▶ 맛있는데
マ シッ タ / マ シンヌン デ

④ 멀다 (遠い) ▶▶ 먼데 「ㄹ」脱落 p266 参照
モル ダ / モン デ

⑤ 하얗다 (白い) ▶▶ 하얀데 不規則「ㅎ」 p268 参照
ハ ヤ タ / ハ ヤン デ

☑ 例文で確認しよう 🔊 243

① 사람이 많은데 다른 데로 갈까요?
サ ラ ミ マ ヌン デ タ ルン デ ロ カル ッカ ヨ
（人が多いので他の所に行きましょうか？）

② 이 옷은 조금 큰데 예뻐서 샀어요.
イ オ スン チョ グム クン デ イェッポ ソ サッ ソ ヨ
（この服は少し大きいけど可愛いので買いました。）

③ 이 가게는 맛있는데 분위기가 별로다.
イ カ ゲ ヌン マ シンヌン デ ブ ヌィ ギ ガ ビョル ロ ダ
（このお店は美味しいけど、雰囲気が微妙だね。）

☑ 会話で確認しよう 🔊 244

> 이사한 집은 어때요?
> イ サ ハン ジ ブン オ ッテ ヨ
> （引っ越した家はどうですか？）

> 역에서 좀 먼데 넓어서 살기 편해요.
> ヨ ゲ ソ チョム モン デ ノル ボ ソ サル ギ ビョ ネ ヨ
> （駅から少し遠いけど広くて住みやすいです。）

| -ㄹ/을래요?
ル ウルレ ヨ
提案(〜ですか・〜ますか)

チュ ウ ミョン イ ゴ コル チル レ ヨ
추우면 이거 걸칠래요?

寒かったらこれ羽織りますか？

こんな場面で使うよ

相手の意向を尋ねたり、相手を誘ったりできるよ

- コルチ ダ ~~コルチダ~~ コルチ コルチルレ ヨ
  걸치~~다~~(羽織る) ▶▶ 걸치 ▶▶ 걸칠래요?(羽織りますか？)

- アンタ アン アンジュル レ ヨ
  앉~~다~~(座る) ▶▶ 앉 ▶▶ 앉을래요?(座りますか？)

1 動詞の基本形から「다」を取るよ。

2 最後の文字にパッチムがない場合は「-ㄹ래요?」、
ある場合は「-을래요?」をつけるよ。

★ タメ口は「-ㄹ/을래?」になるよ。不規則の変換に気をつけてね。

148

(1) _{カ ダ} **가다** (行く)　▶▶ _{カル レ ヨ} **갈래요?**

(2) _{ッス ダ} **쓰다** (書く・使う)　▶▶ _{ッスル レ ヨ} **쓸래요?**

(3) _{ッチク タ} **찍다** (撮る)　▶▶ _{ッチグル レ ヨ} **찍을래요?**

(4) _{コッ タ} **걷다** (歩く)　▶▶ _{コ ルル レ ヨ} **걸을래요?**　不規則「ㄷ」 p262 参照

(5) _{サル ダ} **살다** (住む)　▶▶ _{サル レ ヨ} **살래요?**　「ㄹ」脱落 p266 参照

☑ 例文で確認しよう　　　　　　　　　　　　　◀) 247

(1) _{チュ ウ ミョン イ ゴ コルチル レ ヨ}
추우면 이거 걸칠래요?
（寒かったらこれ羽織りますか？）

(2) _{チャ リ ナンヌン デ アンジュル レ ヨ}
자리 났는데 앉을래요?
（席空いたのですが、座りますか？）

(3) _{ナ チ グム ピョ ニ ジョム カ ヌン デ カ チ カル レ}
나 지금 편의점 가는데 같이 갈래?
（私、今コンビニ行くんだけど一緒に行く？）

☑ 会話で確認しよう　　　　　　　　　　　　　◀) 248

_{チム ド マン コ タ リ ド ア ブン デ テク シ タル レ}
짐도 많고 다리도 아픈데 택시 탈래?
（荷物も多くて足も痛いからタクシーに乗る？）

_{コル}
콜! （いいよ！）

DAY 61-70

149

DAY 63

-ㄴ / 은 적이 있어요

🔊 249

経験 (〜たことがあります)

ポン ジ チョム プ ルル ハン ジョ ギ
번지 점프를 한 적이
イッ ソ ヨ
있어요?

バンジージャンプをしたことが
ありますか？

こんな場面で使うよ

経験があることを伝えるよ

ハ ダ　　 ハ　　　　ハン ジョギ イッソ ヨ
● 하~~다~~ ▸▸ 하 ▸▸ 한 적이 있어요

(する・やる)　　　　　　（したことがあります）

バッタ　　　 バッ　　バ ドゥン ジョ ギ イッ ソ ヨ
● 받~~다~~ ▸▸ 받 ▸▸ 받은 적이 있어요

(もらう・受ける)　　　（もらったことがあります）

1 動詞の基本形から「다」を取るよ。

2 最後の文字にパッチムがない場合は「-ㄴ 적이 있어요」、ある場合は「-은 적이 있어요」をつけるよ。

★タメ口は「-ㄴ / 은 적이 있어」になるよ。不規則の変換に気をつけてね。

① **가다** (行く)　▸▸ **간 적이 있어요**
ㄱ カ ダ　　　　　　　　　カン ジョ ギ イッ ソ ヨ

② **믿다** (信じる)　▸▸ **믿은 적이 있어요**
ミッ タ　　　　　　　　　ミ ドゥン ジョ ギ イッ ソ ヨ

③ **듣다** (聞く)　▸▸ **들은 적이 있어요** 不規則「ㄷ」 p262 参照
トゥッ タ　　　　　　　　トゥルン ジョ ギ イッ ソ ヨ

④ **담그다** (漬ける)　▸▸ **담근 적이 있어요** 「ㄹ」脱落 p266 参照
タム グ ダ　　　　　　　タム グン ジョ ギ イッ ソ ヨ

⑤ **돕다** (手伝う・助ける)　▸▸ **도운 적이 있어요** 不規則「ㅂ」 p261 参照
トプ タ　　　　　　　　　ト ウン ジョ ギ イッ ソ ヨ

☑ 例文で確認しよう　　🔊 251

① **번지 점프를 한 적이 있어요?**
ポン ジ チョム プ ルル ハン ジョ ギ イッ ソ ヨ
（バンジージャンプをしたことがありますか？）

② **가평에 물놀이를 하러 간 적이 있어요.**
カ ピョン エ ムル ロ リ ルル ハ ロ ガン ジョ ギ イッ ソ ヨ
（加平に水遊びをしに行ったことがあります。）

③ **꽃다발을 받은 적이 있어?**
ッコッ タ バ ルル パ ドゥン ジョ ギ イッ ソ
（花束をもらったことある？）

☑ 会話で確認しよう　　🔊 252

김치를 직접 담근 적이 있어요?
キム チ ルル チク チョプ タム グン ジョ ギ イッ ソ ヨ
（キムチを自分で漬けたことがありますか？）

아니요, 담근 적이 없어요.
ア ニ ヨ　タム グン ジョ ギ オプ ソ ヨ
（いいえ、漬けたことがありません。）

DAY 61-70

151

ミョン ドン マル ゴ マ ポ エ イン ヌン
명동 말고 마포에 있는
ホ テ ル ロ ハル ケ ヨ
호텔로 할게요.

明洞ではなく麻浦にある
ホテルにします。

こんな場面で使うよ

選択するとき、自分の意志を伝えるよ

ホ テル
● 호텔（ホテル）▶▶ ホ テ ル ロ ハル ケ ヨ 호텔로 할게요（ホテルにします）

ッカ マン セク
● 까만색（黒色）▶▶ ッカ マン セ グ ロ ハル ケ ヨ 까만색으로 할게요（黒色にします）

1 名詞の最後の文字にパッチムがない場合は

ロ ハル ケ ヨ
「-로 할게요」、パッチムがある場合は

ウ ロ ハル ケ ヨ
「-으로 할게요」をつけるよ。

★ タメ口は「-로 / 으로 할게」になるよ。

★ 単語の最後の文字のパッチムが「ㄹ」の場合は「-로 할게」になるよ。

152

☑ 練習してみよう　🔊 254

(1) 계좌이체 (銀行振り込み)　▶▶ 계좌이체로 할게요

(2) 케이크 (ケーキ)　▶▶ 케이크로 할게요

(3) 이거 (これ)　▶▶ 이거로 할게요

(4) 현금 (現金)　▶▶ 현금으로 할게요

(5) 칵테일 (カクテル)　▶▶ 칵테일로 할게요

☑ 例文で確認しよう　🔊 255

(1) 명동 말고 마포에 있는 호텔로 할게요.
(明洞ではなく麻浦にあるホテルにします。)

(2) 계산은 계좌이체로 할게요.
(支払いは銀行振り込みにします。)

(3) 난 하얀색 말고 까만색으로 할게.
(私は白色じゃなくて黒色にする。)

☑ 会話で確認しよう　🔊 256

후식은 아이스크림과 케이크가 있대요.
(デザートはアイスクリームとケーキがあるそうです。)

전 케이크로 할게요. (私はケーキにします。)

153

◀» 257

推測 （〜ところ・〜と思うから・〜と思うけど）

바쁘실 텐데 와 주셔서
パップ シル テン デ ワ ジュ ショ ソ

감사합니다.
カム サ ハム ニ ダ

お忙しいところ、お越しいただき
ありがとうございます。

こんな場面で使うよ

相手の状況を推測して、
提案したり感謝の気持ちを表したりできるよ

- 바쁘시다 ▸▸ 바쁘시 ▸▸ 바쁘실 텐데
  パップ シ ダ   パップ シ   パップ シル テン デ

  （お忙しい）   （お忙しいところ）

- 작다 （小さい） ▸▸ 작 ▸▸ 작을 텐데 （小さいと思うけど）
  チャク タ   チャク   チャグル テン デ

1 動詞・形容詞の基本形から「다」を取るよ。
タ

2 最後の文字にパッチムがない場合は「-ㄹ 텐데」、
ル テン デ

ある場合は「-을 텐데」をつけるよ。
ウル テン デ

★不規則の変換に気をつけてね。

154

① 힘들다 (大変だ・疲れる) ▶▶ 힘들 텐데　**「ㄹ」脱落** p266 参照

② 배고프다 (お腹が空く) ▶▶ 배고플 텐데

③ 오다 (来る・降る) ▶▶ 올 텐데

④ 춥다 (寒い) ▶▶ 추울 텐데　**不規則「ㅂ」** p261 参照

⑤ 멀다 (遠い) ▶▶ 멀 텐데　**「ㄹ」脱落** p266 参照

☑ 例文で確認しよう 🔊 259

① 바쁘실 텐데 와 주셔서 감사합니다.
（お忙しいところ、お越しいただきありがとうございます。）

② 혼자 하기 힘들 텐데 제가 도와드릴까요?
（1人では難しいと思うから、私がお手伝いしましょうか？）

③ 배고플 텐데 초콜릿이라도 먹을래?
（お腹空いたと思うけど、チョコレートでも食べる？）

☑ 会話で確認しよう 🔊 260

나 화장실 좀 갔다 올게.
（私、ちょっとトイレに行ってくるよ。）

곧 버스가 올 텐데 서둘러!
（もうすぐバスが来ると思うから急いで！）

◀》 261

推測 (〜と思います)

チ グムッチュム コン ハン エ ト チャ ケッ スル
지금쯤 공항에 도착했을
コ エ ヨ
거예요.

今頃、空港に到着していると
思います。

こんな場面で使うよ

**主語が3人称で、
状態や状況をふまえて推測するときに使うよ**

オ ダ オ オル コ エ ヨ
- 오다 (来る) ▶▶ 오 ▶▶ 올 거예요 (来ると思います)

ト チャケッ タ ト チャケッ ト チャケッスル コ エ ヨ
- 도착했다 ▶▶ 도착했 ▶▶ 도착했을 거예요
　(到着した)　　　　　　（到着していると思います）

1 動詞・形容詞の基本形から「다」を取るよ。
　　　　　　　　　　　　　　タ

2 最後の文字にパッチムがない場合は「-ㄹ 거예요」、
　　　　　　　　　　　　　　　　　　　　ル コ エ ヨ
　　ある場合は「-을 거예요」をつけるよ。
　　　　　　　　ウル コ エ ヨ

★タメ口は「-ㄹ/을 거야」になるよ。不規則の変換に気をつけてね。
　　　　　　ル ウル コ ヤ

☑ 練習してみよう　🔊 262

(1) 많다 (多い)　▶▶ 많을 거예요
　　_{マン タ}　　　　　　_{マ ヌル コ エ ヨ}

(2) 떨어지다 (落ちる)　▶▶ 떨어질 거예요
　　_{ット ロ ジ ダ}　　　　　　_{ット ロ ジル コ エ ヨ}

(3) 오르다 (上がる・登る)　▶▶ 오를 거예요
　　_{オ ル ダ}　　　　　　　　_{オ ルル コ エ ヨ}

(4) 있다 (いる・ある)　▶▶ 있을 거예요
　　_{イッ タ}　　　　　　　_{イッ スル コ エ ヨ}

(5) 낫다 (治る)　▶▶ 나을 거예요　不規則「ㅅ」
　　_{ナッ タ}　　　　　_{ナ ウル コ エ ヨ}　p263 参照

☑ 例文で確認しよう　🔊 263

(1) 지금쯤 공항에 도착했을 거예요.
　　_{チ グムッチュム コン ハン エ ト チャケッスル コ エ ヨ}
　　(今頃、空港に到着していると思います。)

(2) 지금 명동은 사람이 많을 거예요.
　　_{チ グム ミョン ドン ウン サ ラ ミ マ ヌル コ エ ヨ}
　　(今、明洞は人が多いと思います。)

(3) 내일은 아마 비나 눈이 올 거야.
　　_{ネ イ ルン ア マ ビ ナ ヌ ニ オル コ ヤ}
　　(明日は多分、雨か雪が降ると思うよ。)

☑ 会話で確認しよう　🔊 264

민우 씨도 부를까요?
_{ミ ヌ ッシ ド ブ ルルッカ ヨ}
(ミヌさんも呼びましょうか？)

민우 씨는 불러도 안 올 거예요.
_{ミ ヌ ッシ ヌン ブ ルロ ド ア ノル コ エ ヨ}
(ミヌさんは呼んでも来ないと思います。)

条件（〜には・〜ためには）

한국 남자를 사귀려면
ハン グン ナム ジャ ルル サ グィ リョ ミン

어떻게 해야 해요?
オ ット ケ ヘ ヤ ヘ ヨ

韓国人の男性と付き合うには
どうすればいいですか？

こんな場面で使うよ

あることをしたいとき、
条件になることを伝えるよ

- 사귀다 （付き合う）▶▶ 사귀 ▶▶ 사귀려면 （付き合うには）
  サ グィ ダ　　　　　　　　サ グィ　　サ グィ リョミン

- 먹다 （食べる）▶▶ 먹 ▶▶ 먹으려면 （食べるには）
  モク タ　　　　　　　モク　　モ グ リョミン

1 動詞の基本形から「다」を取るよ。
タ

2 最後の文字にパッチムがない場合は「-려면」、
リョミン
ある場合は「-으려면」をつけるよ。
ウ リョミン

★ 「ㄹ」脱落に気をつけてね。

☑ 練習してみよう 🔊 266

① 들어가다 (入る・入っていく) ▸▸ 들어가려면
  トゥ ロ ガ ダ　　　　　　　　　　　トゥ ロ ガ リョ ミョン

② 안 걸리다 (かからない) ▸▸ 안 걸리려면
  アン ゴル リ ダ　　　　　　　　　　　アン ゴル リ リョ ミョン

③ 받다 (もらう・受ける) ▸▸ 받으려면
  パッ タ　　　　　　　　　　　　バ ドゥ リョ ミョン

④ 살아남다 (生き残る) ▸▸ 살아남으려면
  サ ラ ナム タ　　　　　　　　　　サ ラ ナ ム リョ ミョン

⑤ 타다 (乗る) ▸▸ 타려면
  タ ダ　　　　　　　　　　タ リョ ミョン

⑥ 날다 (飛ぶ) ▸▸ 날려면 「ㄹ」脱落 p266 参照
  ナル ダ　　　　　　　　　　ナル リョ ミョン

☑ 例文で確認しよう 🔊 267

① 한국 남자를 사귀려면 어떻게 해야 해요?
  ハングン ナム ジャルル サ グィ リョ ミョン オッ ケ ヘ ヤ ヘ ヨ
  (韓国人の男性と付き合うにはどうすればいいですか？)

② 화장실에 들어가려면 열쇠가 있어야 해요.
  ファ ジャン シ レ トゥ ロ ガ リョ ミョン ヨル スェ ガ イッ ソ ヤ ヘ ヨ
  (トイレに入るには鍵が必要です。)

③ 감기에 안 걸리려면 푹 자야 돼.
  カム ギ エ アン ゴル リ リョ ミョン プク チャ ヤ ドゥェ
  (風邪を引かないためにはぐっすり寝ないと。)

☑ 会話で確認しよう 🔊 268

안에서 먹으려면 30분 기다려야 한대.
ア ネ ソ モ グ リョ ミョン サムシップン キ ダ リョ ヤ ハン デ
(中で食べるには30分待たなければならないんだって。)

다른 데로 가자! (他の所に行こう！)
タ ルン デ ロ カ ジャ

159

コン ソ トゥ エ　カ リョ ゴ　ヨル シ ミ
콘서트에 가려고 열심히
ト ヌル　モ ウ ゴ　イッ ソ ヨ
돈을 모으고 있어요.

コンサートに行くために、
一生懸命お金を貯めています。

こんな場面で使うよ

目的や意図を表すよ

カ ダ　　　　　　　　　　　　　カ　　　　カ リョ ゴ
- 가다 ((行く)) ▶▶ 가 ▶▶ 가려고 (行くために)

ッチク タ　　　　　　　　　　　ッチク　　ッチ グ リョ ゴ
- 찍다 (撮る) ▶▶ 찍 ▶▶ 찍으려고 (撮ろうと)

1 動詞の基本形から「다」を取るよ。

2 最後の文字にパッチムがない場合は「-려고」、
ある場合は「-으려고」をつけるよ。

★ 不規則の変換に気をつけてね。

☑ **練習してみよう** 🔊 270

(1) サ ダ
    사다 (買う) ▶▶ サ リョ ゴ
                     사려고

(2) ポ ダ
    보다 (見る・観る) ▶▶ ポ リョ ゴ
                          보려고

(3) チャプ タ
    잡다 (つかむ・握る) ▶▶ チャ プ リョ ゴ
                           잡으려고

(4) マンドゥル ダ
    만들다 (作る) ▶▶ マンドゥル リョ ゴ
                      만들려고 「ㄹ」脱落 p266 参照

(5) トプ タ
    돕다 (手伝う・助ける) ▶▶ ト ウ リョ ゴ
                             도우려고 不規則「ㅂ」 p261 参照

☑ **例文で確認しよう** 🔊 271

(1) コン ソ トゥ エ カ リョ ゴ ヨル シ ミ ト ヌル モ ウ ゴ イッ ソ ヨ
    콘서트에 가려고 열심히 돈을 모으고 있어요.
    （コンサートに行くために、一生懸命お金を貯めています。）

(2) ハングク パンチャ ヌル サ リョ ゴ ツ ル ハ シ エ ワッ ソ ヨ
    한국 반찬을 사려고 쓰루하시에 왔어요.
    （韓国のおかずを買おうと鶴橋に来ました。）

(3) エス ネス エ オル リル サ ジ ヌル ッチ グ リョ ゴ
    SNS에 올릴 사진을 찍으려고….
    （SNS にアップする写真を撮ろうと思って…。）

☑ **会話で確認しよう** 🔊 272

ムォ ッテ ム ネ ハング ゴ ルル コ ブ ヘ ヨ
뭐 때문에 한국어를 공부해요?
（何のために韓国語を勉強しますか？）

チャ マ ゴブ シ ハングク トゥ ラ マ ルル ポ リョ ゴ コン ブ ヘ ヨ
자막 없이 한국 드라마를 보려고 공부해요.
（字幕なしで韓国ドラマを見るために勉強しています。）

🔊 273

時間の経過 (〜てから)

オレロ テ ブィ ハン ジ
올해로 데뷔한 지

サム ニョン ドゥェッ ソ ヨ
3년 됐어요.

今年でデビューしてから
3年になります。

こんな場面で使うよ

日本語の「〜てから」と同じように使えるよ。
時を表す単語が続くよ

テ ブィ ハ ダ　　テ ブィ ハ　　テ ブィ ハン ジ
● 데뷔하다 ▶▶ 데뷔하 ▶▶ 데뷔한 지

（デビューする）　　　　　（デビューしてから）

モク タ　　　　　　モク　　モ グン ジ
● 먹다 （食べる） ▶▶ 먹 ▶▶ 먹은 지 （食べてから）

1 動詞の基本形から「다」を取るよ。

2 最後の文字にパッチムがない場合は「-ㄴ 지」、
ある場合は「-은 지」をつけるよ。

★ 不規則の変換に気をつけてね。

☑ 練習してみよう
◀) 274

① 오다 (来る・降る) ▸▸ 온 지
(オ ダ) (オン ジ)

② 살다 (住む) ▸▸ 산 지 「ㄹ」脱落 p266 参照
(サルダ) (サン ジ)

③ 걷다 (歩く) ▸▸ 걸은 지 不規則「ㄷ」 p262 参照
(コッタ) (コ ルン ジ)

④ 짓다 (建てる) ▸▸ 지은 지 不規則「ㅅ」 p263 参照
(チッタ) (チ ウン ジ)

⑤ 눕다 (横になる) ▸▸ 누운 지 不規則「ㅂ」 p261 参照
(ヌプタ) (ヌ ウン ジ)

☑ 例文で確認しよう
◀) 275

① 올해로 데뷔한 지 3년 됐어요.
(オ レ ロ テ ブィ ハン ジ サムニョン ドゥェッソ ヨ)
(今年でデビューしてから3年になります。)

② 밥 먹은 지 얼마나 됐어요?
(パム モ グン ジ オル マ ナ ドゥェッソ ヨ)
(ご飯を食べてからどれくらい経ちましたか?)

③ 어느새 한국에 산 지 2년이 넘었어.
(オ ヌ セ ハン グ ゲ サン ジ イ ニョ ニ ノ モッソ)
(いつの間にか韓国に住んでから2年が過ぎた。)

☑ 会話で確認しよう
◀) 276

미안…. 늦었지. 언제 왔어?
(ミ アン ヌ ジョッ チ オンジェ ワッソ)
(ごめん…。遅くなったよね。いつ来たの?)

나도 온 지 10분밖에 안 됐어.
(ナ ド オン ジ シブ ブンパク ケ アン ドゥェッソ)
(私も来てから10分しか経ってないよ。)

🔊 277

未確定の意思 （〜ようかと思っています）

チョム イル ッチク チュル バ ラルッカ ヘ ヨ
좀 일찍 출발할까 해요.

ちょっと早く出発しようかと思っています。

こんな場面で使うよ

まだ決定していない考え中の意思を表すよ

チュル バ ラ ダ　　チュル バ ラ　　チュル バ ラルッカ ヘ ヨ
- 출발하<del>다</del> ▸▸ 출발하 ▸▸ 출발할까 해요

（出発する）　　　　　　（出発しようかと思っています）

モク タ　　　　　　モク　　　モ グルッカ ヘ ヨ
- 먹<del>다</del> (食べる) ▸▸ 먹 ▸▸ 먹을까 해요 (食べようかと思っています)

1 動詞の基本形から「다」を取るよ。
タ

2 最後の文字にパッチムがない場合は「-ㄹ까 해요」、
ルッカ ヘ ヨ

ある場合は「-을까 해요」をつけるよ。
ウルッカ ヘ ヨ

★ タメ口は「-ㄹ / 을까 해」になるよ。不規則の変換に気をつけてね。
ル ウルッカ ヘ

164

☑ 練習してみよう 🔊 278

(1) 이직하다 (転職する) ▸▸ 이직할까 해요

(2) 쉬다 (休む) ▸▸ 쉴까 해요

(3) 먹다 (食べる) ▸▸ 먹을까 해요

(4) 만들다 (作る) ▸▸ 만들까 해요 　「ㄹ」脱落 p266 参照

(5) 묻다 (尋ねる) ▸▸ 물을까 해요 　不規則「ㄷ」 p262 参照

☑ 例文で確認しよう 🔊 279

(1) 좀 일찍 출발할까 해요.
(ちょっと早く出発しようかと思っています。)

(2) 저녁은 간단하게 냉면을 먹을까 해요.
(夕食は簡単に冷麺を食べようかと思っています。)

(3) 아직 잘 모르겠는데 내년에 이직할까 해.
(まだよく分からないけど、来年転職しようかと思ってる。)

☑ 会話で確認しよう 🔊 280

연휴 때 뭐 할 거예요?
(連休中は何をするんですか?)

약속도 없고…. 집에서 쉴까 해요.
(約束もないし…。家で休もうかと思っています。)

1

( ) 와 주셔서 감사합니다.

① 바쁘실 텐데　　② 바쁘시니까

③ 바쁘시더니　　④ 바쁘시다가

2

난 하얀색 말고 까만색으로 ( ).

① 하더라고　　② 할게

③ 하기만 해　　④ 하네

3

올해로 데뷔( ) 3년 됐어요.

① 할 텐데　　② 하는 걸

③ 한 지　　④ 하려고

4

좀 일찍 출발( ).

① 가기만 해요　　② 하기만 해요

③ 갈까 해요　　④ 할까 해요

5

이 옷은 조금 ( ) 예뻐서 샀어요.

① 크지 않고　　② 크더라고

③ 큰데　　④ 크니까

6

자리 났는데 (   )?

① 앉기로 했어요　② 앉을래요
③ 앉는 것 같아요　④ 앉는 편이에요

7

지금쯤 공항에 도착(   ).

① 했을 거예요　② 한 적이 있어요
③ 했네요　④ 하게 됐어요

8

한국 남자를 (   ) 어떻게 해야 해요?

① 사귀니까　② 사귀려면
③ 사귀려고　④ 사귄 지

9

김치를 직접 (   )?

① 도운 적이 있어요　② 세운 적이 있어요
③ 담근 적이 있어요　④ 한 적이 있어요

10

한국 반찬을 (   ) 쓰루하시에 왔어요.

① 산 지　② 살 텐데
③ 사려고　④ 사는 걸

🔊 281

条件・仮定 （〜たら・〜と）

ト チャカ ミョン ヨル ラ カル ケ ヨ
도착하면 연락할게요.

到着したら連絡します。

こんな場面で使うよ

前の内容が
後ろの内容の条件や仮定になることを表すよ

- ト チャカ ダ　　　　　　　　ト チャカ　　　　ト チャカ ミョン
  도착하~~다~~ （到着する）▶▶ 도착하 ▶▶ 도착하면 （到着したら）

- ウッ タ　　　　　 ウッ　　 ウ ス ミョン
  웃~~다~~ （笑う）▶▶ 웃 ▶▶ 웃으면 （笑うと）

1 動詞・形容詞の基本形から「다」を取るよ。
　　　　　　　　　　　　　　　　　　タ

2 最後の文字にパッチムがない場合は「-면」、
　　　　　　　　　　　　　　　　　　　　ミョン
　　ある場合は「-으면」をつけるよ。
　　　　　　　　　ウ ミョン

★ 不規則の変換に気をつけてね。

① 아프다 (痛い) ▸▸ 아프면
　ア プ ダ　　　　　　　ア プ ミョン

② 사귀다 (付き合う) ▸▸ 사귀면
　サ グィ ダ　　　　　　　サ グィ ミョン

③ 달다 (甘い) ▸▸ 달면　「ㄹ」脱落
　タル ダ　　　　　　　　タル ミョン　p266 参照

④ 그만두다 (やめる) ▸▸ 그만두면
　ク マンドゥ ダ　　　　　　　　ク マンドゥ ミョン

⑤ 싫다 (嫌い・嫌だ) ▸▸ 싫으면
　シル タ　　　　　　　　　シ ル ミョン

☑ 例文で確認しよう　🔊 283

① 도착하면 연락할게요. (到着したら連絡します。)
　ト チャ カ ミョン ヨル ラ カル ケ ヨ

② 아프면 오른쪽 손을 드세요.
　ア プ ミョン オ ルンッチョク ソ ヌル トゥ セ ヨ
　(痛かったら右手を上げてください。)

③ 웃으면 복이 온다고 해. (笑うと福が来るって。)
　ウ ス ミョン ボ ギ オン ダ ゴ ヘ

☑ 会話で確認しよう　🔊 284

한국 남자하고 사귀면 뭐 하고 싶어요?
ハングン ナムジャ ハ ゴ サ グィ ミョン ムォ ハ ゴ シ ボ ヨ
(韓国の男性と付き合ったら何がしたいですか？)

서울 타워에서 사랑의 자물쇠를 걸고
ソ ウル タ ウォ エ ソ サ ラン エ チャ ムルスェ ルル コル ゴ
싶어요.
シ ボ ヨ
(ソウルタワーで愛の南京錠をかけたいです。)

연휴라서 그런지
차가 많이 밀리네요.

連休だからか車がかなり渋滞しますね。

こんな場面で使うよ

確実ではない理由を表すよ

- 연휴 (連休) ▶▶ 연휴라서 그런지 (連休だからか)

- 금요일 ▶▶ 금요일이라서 그런지
  (金曜日)　　　　　　　 (金曜日だからか)

① 名詞の最後の文字にパッチムがない場合は
「-라서 그런지」、パッチムがある場合は
「-이라서 그런지」をつけるよ。

☑ 練習してみよう　　　　　　　　　　　　　　◀» 286

(1) ソルラル
설날 (旧正月) ▸▸ ソル ラ リ ラ ソ　グ ロン ジ
설날이라서 그런지

(2) ハングク サ ラム
한국 사람 (韓国人) ▸▸ ハングク サ ラ ミ ラ ソ　グ ロン ジ
한국 사람이라서 그런지

(3) チュ マル
주말 (週末) ▸▸ チュ マ リ ラ ソ　グ ロン ジ
주말이라서 그런지

(4) チャン ナム
장남 (長男) ▸▸ チャン ナ ミ ラ ソ　グ ロン ジ
장남이라서 그런지

(5) マン ネ
막내 (末っ子) ▸▸ マン ネ ラ ソ　グ ロン ジ
막내라서 그런지

☑ 例文で確認しよう　　　　　　　　　　　　　◀» 287

(1) ヨ ニュ ラ ソ　グ ロン ジ チャ ガ　マ ニ ミル リ ネ ヨ
연휴라서 그런지 차가 많이 밀리네요.
（連休だからか車がかなり渋滞しますね。）

(2) ク ミョ イ リ ラ ソ　グ ロン ジ　シ ガ ニ ッパル リ　カ ネ ヨ
금요일이라서 그런지 시간이 빨리 가네요.
（金曜日だからか時間があっという間ですね。）

(3) ソル ラ リ ラ ソ　グ ロン ジ ア ン ニョン カ ゲ ガ　マン ネ
설날이라서 그런지 안 연 가게가 많네.
（旧正月だからか開いてないお店が多いね。）

☑ 会話で確認しよう　　　　　　　　　　　　　◀» 288

> ハングク サ ラ ミ ラ ソ　グ ロン ジ ビ ブ ガ チョン ネ ヨ
> **한국 사람이라서 그런지 피부가 좋네요.**
> （韓国人だからかお肌がきれいですね。）

ア ニ エ ヨ　ビ ブ ガ　アン ジョ ウン ハン グ ギン ド　マ ナ ヨ
아니에요, 피부가 안 좋은 한국인도 많아요.
（いえいえ、肌がきれいじゃない韓国人も多いですよ。）

DAY 71-80

171

疑問（〜か分かりません）

^{ソン ム リ マ ウ メ ドゥ チ}
선물이 마음에 들지
^{モ ル ゲッ ソ ヨ}
모르겠어요.

プレゼントが気に入るかどうか
分かりません。

こんな場面で使うよ

確信がなくて疑問に思っていることを伝えるよ

^{コルダ}   ^{コル}   ^{コルルチ モルゲッソ ヨ}
- **고르다** ▶▶ **고르** ▶▶ **고를지 모르겠어요**

  （選ぶ）　　　　　（選ぶか分かりません）

^{マッタ}   ^{マッ}   ^{マ ジュルチ モルゲッソ ヨ}
- **맞다**（合う）▶▶ **맞** ▶▶ **맞을지 모르겠어요**（合うか分かりません）

1 動詞の基本形から「다^タ」を取るよ。

2 最後の文字にパッチムがない場合は

^{ル チ モ ル ゲッ ソ ヨ}
「-ㄹ지 모르겠어요」、ある場合は

^{ウル チ モ ル ゲッ ソ ヨ}
「-을지 모르겠어요」をつけるよ。

★ タメ口は
「ㄹ^ル/을지 모르겠어^{ウルチ モルゲッ}」
になるよ。

172

☑ 練習してみよう 🔊 290

1. 있다 (いる・ある) _{イッタ} ▶▶ 있을지 모르겠어요 _{イッスルチ モル ゲッソ ヨ}

2. 마음에 들다 _{マ ウ メ ドゥルダ} (気に入る) ▶▶ 마음에 들지 모르겠어요 _{マ ウ メ ドゥルチ モル ゲッソ ヨ} 「ㄹ」脱落 p266 参照

3. 살다 (住む) _{サルダ} ▶▶ 살지 모르겠어요 _{サルチ モル ゲッソ ヨ} 「ㄹ」脱落 p266 参照

4. 자르다 (切る) _{チャルダ} ▶▶ 자를지 모르겠어요 _{チャルルチ モル ゲッソ ヨ}

5. 묻다 (尋ねる) _{ムッタ} ▶▶ 물을지 모르겠어요 _{ム ルルチ モル ゲッソ ヨ} 不規則「ㄷ」 p262 参照

☑ 例文で確認しよう 🔊 291

1. 선물이 마음에 들지 모르겠어요. _{ソン ム リ マ ウ メ ドゥル チ モル ゲッソ ヨ}
（プレゼントが気に入るかどうか分かりません。）

2. 잘 나온 사진이 많아서 뭘 고르면 좋을지 모르겠어요. _{チャル ラ オン サ ジ ニ マ ナ ソ ムォル コル ミョン チョウル チ モル ゲッソ ヨ}
（よく撮れた写真が多くて何を選んだらいいか分かりません。）

3. 인터넷에서 사서 사이즈가 맞을지 모르겠어. _{イン ト ネ セ ソ サ ソ サ イ ジュ ガ マ ジュル チ モル ゲッソ}
（インターネットで買ってサイズが合うか分からない。）

☑ 会話で確認しよう 🔊 292

주말이라서 자리가 있을지 모르겠어요. _{チュ マ リ ラ ソ チャ リ ガ イッスルチ モル ゲッソ ヨ}
（週末なので席があるか分かりません。）

걱정하지 마세요. 예약해 뒀어요. _{コクチョン ハ ジ マ セ ヨ イェ ヤ ケ ドゥォッソ ヨ}
（心配しないでください。予約しておきました。）

ハン グ グン イェップン カ ペ ガ
한국은 예쁜 카페가
マ ヌン ピョ ニ エ ヨ
많은 편이에요.

韓国は可愛いカフェが
多いほうです。

こんな場面で使うよ

断定しないで、傾向があることを伝えるよ

ク ダ   ク   クン ピョ ニ エ ヨ
- 크~~다~~ (大きい) ▶▶ 크 ▶▶ 큰 편이에요 (大きいほうです)

マン タ   マン   マ ヌン ピョ ニ エ ヨ
- 많~~다~~ (多い) ▶▶ 많 ▶▶ 많은 편이에요 (多いほうです)

1 形容詞の基本形から「다」を取るよ。

2 最後の文字にパッチムがない場合は「-ㄴ 편이에요」、
ある場合は「-은 편이에요」をつけるよ。

★タメ口は「-ㄴ/은 편이야」になるよ。不規則の変換に気をつけてね。

☑ 練習してみよう 🔊 294

① 깨끗하다 ^{ッケック タ ダ} (きれいだ・清潔だ)	▶▶ 깨끗한 편이에요 ^{ッケックタン ビョ ニ エ ヨ}
② 적다 ^{チョク タ} (少ない)	▶▶ 적은 편이에요 ^{チョグン ビョ ニ エ ヨ}
③ 시끄럽다 ^{シックロプ タ} (うるさい)	▶▶ 시끄러운 편이에요 ^{シックロウン ビョ ニ エ ヨ} 不規則「ㅂ」p261 参照
④ 싱겁다 ^{シンゴプ タ} (味が薄い)	▶▶ 싱거운 편이에요 ^{シン ゴ ウン ビョ ニ エ ヨ} 不規則「ㅂ」p261 参照
⑤ 크지 않다 ^{ク ジ アンタ} (大きくない)	▶▶ 크지 않은 편이에요 ^{ク ジ ア ヌン ビョ ニ エ ヨ}
⑥ 멀다 ^{モル ダ} (遠い)	▶▶ 먼 편이에요 ^{モン ビョ ニ エ ヨ} 「ㄹ」脱落 p266 参照

☑ 例文で確認しよう 🔊 295

① 한국은 예쁜 카페가 많은 편이에요.
^{ハン グ グン イェップン カ ペ ガ マ ヌン ビョ ニ エ ヨ}
(韓国は可愛いカフェが多いほうです。)

② 제가 자주 가는 시장은 큰 편이에요.
^{チェ ガ チャジュ カ ヌン シ ジャッウン クン ビョ ニ エ ヨ}
(私がよく行く市場は大きいほうです。)

③ 한국 지하철 안은 일본보다 시끄러운 편이야.
^{ハン グク チ ハ チョ ラ ヌン イルボン ボ ダ シックロ ウン ビョ ニ ヤ}
(韓国の地下鉄内は日本よりうるさいほうだよ。)

☑ 会話で確認しよう 🔊 296

평일인데도 사람이 많네요.
^{ビョ イ リン デ ド サ ラ ミ マン ネ ヨ}
(平日なのに人が多いですね。)

오늘은 적은 편이에요. (今日は少ないほうです。)
^{オ ヌ ルン チョグン ビョ ニ エ ヨ}

제가 나중에 할 테니까
_{チェ ガ ナ ジュン エ ハル テ ニ ッカ}
그냥 두세요.
_{ク ニャン ドゥ セ ヨ}

私が後でするから、そのまま
置いておいてください。

こんな場面で使うよ

**主語が1人称の場合は意思、
3人称の場合は推測を表すよ**

- 하<del>다</del> _{ハ ダ}（する・やる）▸▸ 하 _ハ ▸▸ 할 테니까 _{ハル テ ニ ッカ}（するから）

- 좋<del>다</del> _{チョ タ}（いい）▸▸ 좋 _{チョ} ▸▸ 좋을 테니까 _{チョウル テ ニ ッカ}（いいだろうから）

1 動詞・形容詞の基本形から「다」_タを取るよ。

2 最後の文字にパッチムがない場合は「-ㄹ 테니까」_{ル テ ニ ッカ}、
ある場合は「-을 테니까」_{ウル テ ニ ッカ}をつけるよ。

★ 不規則の変換に気をつけてね。

① **오다** (来る・降る) ▸▸ **올 테니까**
<ruby>오<rt>オ</rt></ruby><ruby>다<rt>ダ</rt></ruby>　　　　　　　　　　<ruby>올<rt>オル</rt></ruby> <ruby>테<rt>テ</rt></ruby><ruby>니<rt>ニ</rt></ruby><ruby>까<rt>ッカ</rt></ruby>

② **계산하다** (会計する・払う) ▸▸ **계산할 테니까**

③ **바쁘다** (忙しい) ▸▸ **바쁠 테니까**

④ **무겁다** (重い) ▸▸ **무거울 테니까**　不規則「ㅂ」 p261 参照

⑤ **팔다** (売る) ▸▸ **팔 테니까**　「ㄹ」脱落 p266 参照

☑ 例文で確認しよう　　　　　　　　　　🔊 299

① **제가 나중에 할 테니까 그냥 두세요.**
（私が後でするから、そのまま置いておいてください。）

② **비 올 테니까 우산을 가지고 가세요.**
（雨が降るだろうから傘を持って行ってください。）

③ **내가 계산할 테니까 대신에 집까지 데려다 줘.**
（私が払うから代わりに家まで送ってちょうだい。）

☑ 会話で確認しよう　　　　　　　　　　🔊 300

내일 결혼식인데 비가 올까 걱정이에요.
（明日、結婚式なのに雨が降りそうで心配です。）

날씨 좋을 테니까 걱정하지 마세요.
（天気がいいだろうから心配しないでください。）

DAY 71-80

🔊 301

한국어는 배울수록
ハン グ ゴ ヌン ペ ウル ス ロク
어려워요.
オ リョ ウォ ヨ

韓国語は学ぶほど難しいです。

こんな場面で使うよ

ある状況や程度がつのることによって
後の結果や状況が増していくことを表すよ

- 배우~~다~~ (学ぶ) ▶▶ 배우 ▶▶ 배울수록 (学ぶほど)
  ペ ウ ダ　　　　　　　ペ ウ　　　 ペ ウル ス ロク

- 많~~다~~ (多い) ▶▶ 많 ▶▶ 많을수록 (多いほど)
  マン タ　　　　　　 マン　　 マ ヌル ス ロク

1 動詞の基本形から「다(タ)」を取るよ。

2 最後の文字にパッチムがない場合は「-ㄹ수록(ル ス ロク)」、
　ある場合は「-을수록(ウル ス ロク)」をつけるよ。

★ 不規則の変換に気をつけてね。

(1) 공부하다 (勉強する)　▶▶ 공부할수록
コン ブ ハ ダ　　　　　　　コン ブ ハルス ロク

(2) 보다 (見る・観る)　▶▶ 볼수록
ポ ダ　　　　　　　　　　　ボルス ロク

(3) 찍다 (撮る)　▶▶ 찍을수록
ッチク タ　　　　　　　　　ッチ グル ス ロク

(4) 놀다 (遊ぶ)　▶▶ 놀수록 「ㄹ」脱落 p266 参照
ノル ダ　　　　　　　　　　ノル ス ロク

(5) 듣다 (聞く)　▶▶ 들을수록 不規則「ㄷ」 p262 参照
トゥッ タ　　　　　　　　　トゥ ル ル ス ロク

☑ 例文で確認しよう　　　　　　　　　　　◀» 303

(1) 한국어는 배울수록 어려워요.
ハング ゴ ヌン ベ ウル ス ロク オ リョウォ ヨ
（韓国語は学ぶほど難しいです。）

(2) 한국어를 공부할수록 일본어하고 비슷한 것 같아요.
ハング ゴルル コン ブ ハルス ロク イル ボ ノ ハ ゴ ビ スタン ゴッ カ タ ヨ
（韓国語を勉強するほど日本語と似ているように思います。）

(3) 친구가 많으면 많을수록 행복할까?
チン グ ガ　マ ヌ ミョン マ ヌル ス ロク ヘン ボ カルッカ
（友達が多ければ多いほど幸せかな？）

☑ 会話で確認しよう　　　　　　　　　　　◀» 304

'볼매'가 무슨 뜻이에요?
ボルメ ガ ム スン ットゥ シ エ ヨ
（「ボルメ」ってどういう意味ですか？）

보면 볼수록 매력적이라는 말이에요.
ボ ミョン ボル ス ロク メ リョク チョ ギ ラ ヌン マ リ エ ヨ
（見れば見るほど魅力的だということです。）

未来の推測 (〜そうです・〜と思います)

> ウェン ジ イ ボン クリスマス ッテ
> **왠지 이번 크리스마스 때**
> コ ベ グル パ ドゥル コッ カ タ ヨ
> **고백을 받을 것 같아요.**
>
> なぜか今回のクリスマスに
> 告白されそうです。

こんな場面で使うよ

これから起きそうなことを
柔らかく伝えるよ

- オ ダ　　　オ　　　オル コッ カ タ ヨ
  오다 (来る) ▶▶ **오** ▶▶ **올 것 같아요** (来そうです)

- パッ タ　　　　パッ　　パ ドゥル コッ カ タ ヨ
  받다 (もらう・受ける) ▶▶ **받** ▶▶ **받을 것 같아요** (もらうと思います)

1 動詞の基本形から「**다**」を取るよ。

2 最後の文字にパッチムがない場合は「**-ㄹ 것 같아요**」、
ある場合は「**-을 것 같아요**」をつけるよ。

★ タメ口は「**-ㄹ/을 것 같아**」になるよ。不規則の変換に気をつけてね。

☑ 練習してみよう 🔊 306

① 생기다 (起こる・できる) ▸▸ 생길 것 같아요
センギダ / センギルコッカタヨ

② 이기다 (勝つ) ▸▸ 이길 것 같아요
イギダ / イギルコッカタヨ

③ 지다 (負ける) ▸▸ 질 것 같아요
チダ / チルコッカタヨ

④ 날다 (飛ぶ) ▸▸ 날 것 같아요 「ㄹ」脱落 p266 参照
ナルダ / ナルコッカタヨ

⑤ 팔다 (売る) ▸▸ 팔 것 같아요 「ㄹ」脱落 p266 参照
パルダ / パルコッカタヨ

☑ 例文で確認しよう 🔊 307

① 왠지 이번 크리스마스 때 고백을 받을 것 같아요.
ウェンジ イボン クリスマス ッテ コベグル パドゥル コッ カタヨ
(なぜか今回のクリスマスに告白されそうです。)

② 주말에는 눈이 올 것 같아요.
チュマ レヌン ヌニ オル コッ カタヨ
(週末には雪が降りそうです。)

③ 오늘은 좋은 일이 생길 것 같아.
オ ヌルン チョウン ニ リ センギル コッ カタ
(今日はいいことが起こりそう。)

☑ 会話で確認しよう 🔊 308

이번 한일전은 어느 쪽이 이길 것 같아요?
イ ボン ハ ニルジョヌン オ ヌ ッチョ ギ イ ギル コッ カ タ ヨ
(今回の日韓戦はどちらが勝つと思いますか？)

모르겠어요. 축구에 관심이 없거든요.
モ ル ゲッ ソ ヨ チュク エ クァン シ ミ オプ コ ドゥン ニョ
(分かりません。サッカーに興味がないんですよ。)

DAY 71-80

181

期待外れ・反対の事実（〜のに・〜けど）

숙제가 많은데도
スク チェ ガ マ ヌン デ ド

게임만 하고 있어요.
ケ イム マン ナ ゴ イッ ソ ヨ

宿題が多いのに、

ゲームばかりしています。

こんな場面で使うよ

期待外れや反対の事実を表すときに使うよ

- 싸~~다~~（安い）▶▶ 싸 ▶▶ 싼데도（安いのに）
  ッサ ダ　　　　　　　　　ッサ　　　ッサン デ ド

- 많~~다~~（多い）▶▶ 많 ▶▶ 많은데도（多いのに）
  マン タ　　　　　　　　　マン　　　マ ヌン デ ド

1 形容詞の基本形から「다」を取るよ。
　　　　　　　　　　　　　　タ

2 最後の文字にパッチムがない場合は「‐ㄴ데도」、
　　　　　　　　　　　　　　　　　　　　　　ン デ ド
　　ある場合は「‐은데도」をつけるよ。
　　　　　　　　　　ウン デ ド

★ 「있다 / 없다」で終わる形容詞は「‐는데도」になるよ。
　　イッタ オプタ　　　　　　　　　　ヌンデ ド
　　不規則の変換にも気をつけてね。

① 높다 ^{ノプ タ} (高い（値段以外）) ▶▶ 높은데도 ^{ノ ブン デ ド}

② 쓰다 ^{ッス ダ} (苦い) ▶▶ 쓴데도 ^{ッスン デ ド}

③ 맵다 ^{メプ タ} (辛い) ▶▶ 매운데도 ^{メ ウン デ ド}　不規則「ㅂ」p261 参照

④ 맛있다 ^{マ シッタ} (美味しい) ▶▶ 맛있는데도 ^{マ シンヌン デ ド}

⑤ 힘들다 ^{ヒム ドゥル ダ} (大変だ・疲れる) ▶▶ 힘든데도 ^{ヒム ドゥン デ ド}　「ㄹ」脱落 p266 参照

☑ 例文で確認しよう ◀》 311

① 숙제가 많은데도 게임만 하고 있어요.
^{スクチェ ガ　マ ヌン デ ド　ケイム マ ナ ゴ イッソ ヨ}
（宿題が多いのに、ゲームばかりしています。）

② 매운데도 계속 먹게 돼요.
^{メ ウン デ ド　ケ ソン モク ケ ドゥェ ヨ}
（辛いのにずっと食べてしまいます。）

③ 이 브랜드 옷은 싼데도 질이 좋아.
^{イ　ブ レン ドゥ　オ スン ッサン デ ド　チ リ チョ ア}
（このブランドの服は安いのに質がいいよ。）

☑ 会話で確認しよう ◀》 312

굽이 높아 보이는데 발 안 아파?
^{ク ビ ノ バ ボ イヌン デ バル ア ナ パ}
（ヒールが高く見えるけど、足痛くない？）

응, 괜찮아. 굽이 높은데도 발은 편해.
^{ウン クェンチャ ナ　ク ビ　ノ ブン デ ド　バ ルン ピョ ネ}
（うん、大丈夫。ヒールは高いけど足は楽だよ。）

DAY 71-80

한국은 정말 옷이 싼가요?

韓国は本当に洋服が安いですか？

こんな場面で使うよ

요체に似ているけど、
知りたい事実を確認するときに使うよ

- 싸~~다~~ （安い） ▶▶ 싸 ▶▶ 싼가요? （安いですか？）
- 적~~다~~ （少ない） ▶▶ 적 ▶▶ 적은가요? （少ないですか？）

1 形容詞の基本形から「다」を取るよ。

2 最後の文字にパッチムがない場合は「-ㄴ가요?」、
ある場合は「-은가요?」をつけるよ。

★タメ口は「-ㄴ/은가?」になって独り言として使う場合が多いよ。
不規則の変換に気をつけてね。

☑ 練習してみよう　◀» 314

(1) 바쁘다 (忙しい)　▸▸ 바쁜가요?
　　バッ プ ダ　　　　　　バップン ガ ヨ

(2) 덥다 (暑い)　▸▸ 더운가요?　不規則「ㅂ」 p261 参照
　　トプ タ　　　　　　トウン ガ ヨ

(3) 좋다 (いい)　▸▸ 좋은가요?
　　チョ タ　　　　　チョウン ガ ヨ

(4) 어떻다 (どうだ)　▸▸ 어떤가요?　不規則「ㅎ」 p268 参照
　　オ ットッ タ　　　　　　オ ットン ガ ヨ

(5) 맵다 (辛い)　▸▸ 매운가요?　不規則「ㅂ」 p261 参照
　　メプ タ　　　　　　メ ウン ガ ヨ

(6) 길다 (長い)　▸▸ 긴가요?　「ㄹ」脱落 p266 参照
　　キル ダ　　　　　キン ガ ヨ

☑ 例文で確認しよう　◀» 315

(1) 한국은 정말 옷이 싼가요?
　　ハン グ グン チョン マル オ シ ッサン ガ ヨ
　（韓国は本当に洋服が安いですか？）

(2) 제가 만든 김밥 맛이 어떤가요?
　　チェ ガ マン ドゥン キム バプ マ シ オ ットン ガ ヨ
　（私が作ったキンパの味はどうですか？）

(3) 바쁜가? 왜 전화를 안 받지.
　　バップン ガ　　ウェ チョ ノァ ルル アン バッ チ
　（忙しいのかな？　なんで電話に出ないんだろう。）

☑ 会話で確認しよう　◀» 316

> 에어컨을 켜도 될까요?
> エ オ コ ヌル キョ ド ドゥェル ッカ ヨ
> （クーラーを点けてもいいですか？）

> 방이 더운가요? （部屋が暑いですか？）
> バン イ ト ウン ガ ヨ

DAY 71-80

DAY **80** | -ㄹ지 / 을지

ᵘ⁰⁾ 317

考え中 (〜か)

연남동에 갈지 익선동에
ヨン ナム ドン エ　カル チ　イク ソン ドン エ
갈지 고민 중이에요.
カル チ　コ ミン　ジュン イ エ ヨ

延南洞に行くか、益善洞に行くか
悩んでいます。

연남동　익선동

こんな場面で使うよ

それにするか悩んでいることを表して、
2回繰り返して使うことが多いよ

- 가다 (行く) ▶▶ 가 ▶▶ 갈지 (行くか)
  _{カ ダ}　　　　　_カ　　_{カル チ}

- 먹다 (食べる) ▶▶ 먹 ▶▶ 먹을지 (食べるか)
  _{モク タ}　　　　　　_{モク}　　_{モグル チ}

1 動詞の基本形から「다」を取るよ。
　　　　　　　　　　　　　　　　_タ

2 最後の文字にパッチムがない場合は「-ㄹ지」、
　　　　　　　　　　　　　　　　　　　　　　　_{ル チ}
　　あ る場合は「-을지」をつけるよ。
　　　　　　　　　　_{ウルチ}

★ 不規則の変換に気をつけてね。

☑ 練習してみよう 🔊 318

1. 사다 _{サ ダ} (買う) ▶▶ 살지 _{サル チ}

2. 보내다 _{ボ ネ ダ} (送る) ▶▶ 보낼지 _{ボ ネル チ}

3. 앉다 _{アン タ} (座る) ▶▶ 앉을지 _{アン ジュル チ}

4. 살다 _{サル ダ} (住む) ▶▶ 살지 _{サル チ} 「ㄹ」脱落 p266 参照

5. 싣다 _{シッ タ} (積む・載せる) ▶▶ 실을지 _{シ ルル チ} 不規則「ㄷ」 p262 参照

☑ 例文で確認しよう 🔊 319

1. 연남동에 갈지 익선동에 갈지 고민 중이에요.
   _{ヨン ナム ドン エ カル チ イク ソン ドン エ カル チ コ ミン ジュン イ エ ヨ}
   (延南洞に行くか、益善洞に行くか悩んでいます。)

2. 비냉을 먹을지 물냉을 먹을지 정했어요?
   _{ビ ネン ウル モ グル チ ムル レン ウル モ グル チ チョン ヘッ ソ ヨ}
   (ビビン冷麺を食べるか水冷麺を食べるか決めましたか？)

3. 지금 집에 계속 살지 이사할지 생각 중이야.
   _{チ グム チ ベ ケ ソク サル チ イ サ ハル チ センガク チュン イ ヤ}
   (今の家にこのまま住むか引っ越すか考えてる。)

☑ 会話で確認しよう 🔊 320

유학 준비는 잘 하고 있나요?
_{ユ ハク チュン ビ ヌン チャ ラ ゴ イン ナ ヨ}
(留学の準備はうまくいっていますか？)

어떤 대학교로 갈지 고민 중이에요.
_{オ ットン デ ハク キョ ロ カル チ コ ミン ジュン イ エ ヨ}
(どんな大学に行くか悩んでいます。)

DAY 71-80

187

1

( ) 복이 온다고 해.

① 웃으면　　　② 웃어서 그런지
③ 웃을 테니까　　④ 웃는데도

2

인터넷에서 사서 사이즈가 ( ) 모르겠어.

① 맞으면　　　② 맞을 테니까
③ 맞을지　　　④ 맞는데도

3

제가 나중에 ( ) 그냥 두세요.

① 할 테니까　　② 할수록
③ 할지　　　　④ 하지 않고

4

이번 한일전은 어느 쪽이 ( )?

① 이기기로 했어요　　② 이길 것 같아요
③ 이기는 편이에요　　④ 이긴 적이 있어요

5

( )? 왜 전화를 안 봤지.

① 바쁘게 됐어　　② 바쁠 것 같아
③ 바쁜가　　　　④ 바쁘지요

本書で学習した例文です。文が完成するように、空欄に入る表現を選んでください。解答は p234 をご覧ください。

6

금요일(　　　) 시간이 빨리 가네요.

① 때문에 　　　② 밖에
③ 이나 　　　④ 이라서 그런지

7

한국 지하철 안은 일본보다 (　　　).

① 시끄럽운 편이야 　　② 시끄럽은 편이야
③ 시끄러운 편이야 　　④ 시끄러은 편이야

8

한국어를 (　　　) 일본어하고 비슷한 것 같아요.

① 공부하는데도 　　② 공부할수록
③ 공부할 테니까 　　④ 공부하면

9

숙제가 (　　　) 게임만 하고 있어요.

① 많은데도 　　② 많으려면
③ 많을 테니까 　　④ 많을지

10

연남동에 갈지 익선동에 (　　　) 고민 중이에요.

① 가려고 　　② 갈지
③ 갈 테니까 　　④ 갈수록

| -ㄹ/을 뿐이에요
ルウルッ プ ニ エ ヨ

🔊 321

限定（〜だけです）

어디선가 목소리가
オ ディ ソン ガ モク ソ リ ガ

들릴 뿐이에요.
トゥル リル ッ プ ニ エ ヨ

どこかで声が聞こえるだけです。

こんな場面で使うよ

**ある行動や状態だけで
その他はないことを表すよ**

- 들리다̶ (聞こえる) ▶▶ 들리 ▶▶ 들릴 뿐이에요 (聞こえるだけです)
  トゥル リ ダ　　　　　　　　トゥル リ　　　　トゥルリル ッ プ ニ エ ヨ

- 자고 싶다̶ ▶▶ 자고 싶 ▶▶ 자고 싶을 뿐이에요
  チャ ゴ シプ タ　　　　　チャ ゴ シプ　　　チャ ゴ シ プル ッ プ ニ エ ヨ
  （寝たい）　　　　　　　　　　　　　　　（寝たいだけです）

1 動詞・形容詞の基本形から「다」を取るよ。
　　　　　　　　　　　　　　　　　　タ

2 最後の文字にパッチムがない場合は「-ㄹ 뿐이
　　　　　　　　　　　　　　　　　　　　　　ル　ッ プ ニ
　에요」、ある場合は「-을 뿐이에요」をつけるよ。
　エ ヨ　　　　　　　　　ウル ッ プ ニ エ ヨ

★タメ口は「-ㄹ/을 뿐이야」になるよ。不規則の変換に気をつけてね。
　　　　　　ル　ウルッ プ ニ ヤ

190

☑ 練習してみよう
🔊 322

1. 외우다 (覚える・暗記する) ▶▶ 외울 뿐이에요
2. 쓰다 (書く・使う) ▶▶ 쓸 뿐이에요
3. 아프다 (痛い) ▶▶ 아플 뿐이에요
4. 잘랐다 (切った) ▶▶ 잘랐을 뿐이에요
5. 치웠다 (片付けた) ▶▶ 치웠을 뿐이에요
6. 듣다 (聞く) ▶▶ 들을 뿐이에요 不規則「ㄷ」p262 参照

☑ 例文で確認しよう
🔊 323

1. 어디선가 목소리가 들릴 뿐이에요.
   (どこかで声が聞こえるだけです。)
2. 지금은 자고 싶을 뿐이에요. (今は寝たいだけです。)
3. 머리를 조금 잘랐을 뿐이야. (髪を少し切っただけだよ。)

☑ 会話で確認しよう
🔊 324

대청소했어요? (大掃除しましたか？)

아니요, 눈에 보이는 것만
치웠을 뿐이에요.
(いいえ、目に見えるものを片付けただけです。)

DAY 81-90

-ㄴ/은 줄 알았어요
ン ウン ジュ ル アラッソ ヨ

想像や推測とは異なる事実 (〜と思っていました)

◀》 325

チョ ボ ダ オ リン ジュル ラ ラッソ ヨ
저보다 어린 줄 알았어요.

私より年下だと思っていました。

こんな場面で使うよ

**自分の推測と事実が
異なっていたことを伝えるよ**

オリダ　　オリ　　　オリン ジュル ア ラッソ ヨ
- 어리다̸ ▶▶ 어리 ▶▶ 어린 줄 알았어요
（幼い）　　　　　（幼いと思っていました）

ノルタ　　ノル　　ノルブン ジュル ア ラッソ ヨ
- 넓다̸ ▶▶ 넓 ▶▶ 넓은 줄 알았어요
（広い）　　　　　（広いと思っていました）

1 形容詞の基本形から「<ruby>다<rt>タ</rt></ruby>」を取るよ。

2 最後の文字にパッチムがない場合は「<ruby>-ㄴ 줄 알았어<rt>ン ジュル ア ラッソ</rt></ruby>
<ruby>요<rt>ヨ</rt></ruby>」、ある場合は「<ruby>-은 줄 알았어요<rt>ウン ジュル ア ラッソ ヨ</rt></ruby>」をつけるよ。

★タメ口は「<ruby>-ㄴ/은 줄 알았어<rt>ン ウン ジュル アラッソ</rt></ruby>」になるよ。不規則の変換に気をつけてね。

☑ 練習してみよう　　🔊 326

(1) 크다 (大きい)　▶▶ 큰 줄 알았어요
<small>ク ダ</small>　　　　　　　<small>クン ジュ ラ ラッ ソ ヨ</small>

(2) 쉽다 (容易だ・簡単だ)　▶▶ 쉬운 줄 알았어요　<small>不規則「ㅂ」 p261参照</small>
<small>スィプ タ</small>　　　　　　　　　<small>スィ ウン ジュ ラ ラッ ソ ヨ</small>

(3) 작다 (小さい)　▶▶ 작은 줄 알았어요
<small>チャク タ</small>　　　　　　<small>チャ グン ジュ ラ ラッ ソ ヨ</small>

(4) 무섭다 (怖い)　▶▶ 무서운 줄 알았어요　<small>不規則「ㅂ」 p261参照</small>
<small>ム ソプ タ</small>　　　　　　<small>ム ソ ウン ジュ ラ ラッ ソ ヨ</small>

(5) 하얗다 (白い)　▶▶ 하얀 줄 알았어요　<small>不規則「ㅎ」 p268参照</small>
<small>ハ ヤ タ</small>　　　　　　<small>ハ ヤン ジュ ラ ラッ ソ ヨ</small>

☑ 例文で確認しよう　　🔊 327

(1) 저보다 어린 줄 알았어요.
<small>チョ ボ ダ オ リン ジュ ラ ラッ ソ ヨ</small>
（私より年下だと思っていました。）

(2) 사진으로 봤을 때는 넓은 줄 알았어요.
<small>サ ジ ヌ ロ ブァッスル ッテ ヌン ノルブン ジュ ラ ラッ ソ ヨ</small>
（写真で見たときは広いと思っていました。）

(3) 민구 선생님은 키도 작고 얼굴도 큰 줄 알았어.
<small>ミン グ ソンセン ニ ムン キ ド チャク コ オルグル ド クン ジュ ラ ラッ ソ</small>
（ミング先生は背も低くて顔も大きいと思ってた。）

☑ 会話で確認しよう　　🔊 328

한국어는 쉬운 줄 알았어요.
<small>ハン グ ゴ ヌン スィ ウン ジュ ラ ラッ ソ ヨ</small>
（韓国語は簡単だと思っていました。）

저도요. 공부하면 할수록 어려운 것 같아요.
<small>チョド ヨ コン ブ ハ ミョン ハル ス ロク オ リョウン ゴッ カ タ ヨ</small>
（私もです。勉強すればするほど難しいようです。）

ル ウル コエヨ

意思・予定 （〜ようと思っています）

🔊 329

ネ イ ルン ハン ガン エ ソ
내일은 한강에서

サン チェ カル　コ エ ヨ
산책할 거예요.

明日は漢江で散歩しようと
思っています。

こんな場面で使うよ

主語が1人称・2人称の場合、意思や予定を表すよ

サンチェ カ ダ　　　　　サンチェ カ　　　　サンチェカル　コ エ ヨ
● 산책하다 ▶▶ 산책하 ▶▶ 산책할 거예요

（散歩する）　　　　　　　　　　　（散歩しようと思っています）

ッチク タ　　　　　　　　ッチク　　　　ッチグル　コ エ ヨ
● 찍다 （撮る） ▶▶ 찍 ▶▶ 찍을 거예요 （撮ろうと思っています）

1 動詞の基本形から「다」を取るよ。
タ

2 最後の文字にパッチムがない場合は「-ㄹ 거예요」、
　　　　　　　　　　　　　　　　　　　　　　　ル　コ エ ヨ

　ある場合は「-을 거예요」をつけるよ。
　　　　　　　ウル コ エ ヨ

★タメ口は「-ㄹ/을 거야」になるよ。不規則の変換に気をつけてね。
　　　　　　　ル ウル コ ヤ

194

☑ 練習してみよう 🔊 330

① 하다 (する・やる)　　▶▶ 할 거예요
ハ ダ　　　　　　　　　　　　ハル コ エ ヨ

② 찾다 (探す・(辞書など)引く)　　▶▶ 찾을 거예요
チャッタ　　　　　　　　　　　　　　チャジュル コ エ ヨ

③ 돕다 (手伝う・助ける)　　▶▶ 도울 거예요　不規則「ㅂ」p261 参照
トプタ　　　　　　　　　　　　　トウル コ エ ヨ

④ 씻다 (洗う・お風呂に入る)　　▶▶ 씻을 거예요　不規則「ㅅ」p263 参照
ッシッタ　　　　　　　　　　　　　ッシスル コ エ ヨ

⑤ 낫다 (治る)　　▶▶ 나을 거예요　不規則「ㅅ」p263 参照
ナッタ　　　　　　　　ナ ウル コ エ ヨ

☑ 例文で確認しよう 🔊 331

① 내일은 한강에서 산책할 거예요.
ネ イ ルン ハンガン エ ソ サンチェカル コ エ ヨ
(明日は漢江で散歩しようと思っています。)

② 열심히 운동해서 바프 사진 찍을 거예요.
ヨル シ ミ ウンドン ヘ ソ バ プ サジン ッチグル コ エ ヨ
(一生懸命運動してボディプロフィール写真を撮ろうと思っています。)

③ 난 한국에서 구직 활동을 할 거야.
ナン ハング ゲ ソ ク ジ クァルトン ウル ハル コ ヤ
(私は韓国で就職活動をしようと思ってる。)

☑ 会話で確認しよう 🔊 332

수업 끝나고 뭐 할 거예요?
ス オプ ックン ナ ゴ ムォ ハル コ エ ヨ
(授業が終わったら何をするんですか？)

바로 카페에 가서 숙제할 거예요.
バ ロ カ ペ エ カ ソ スクチェハル コ エ ヨ
(すぐカフェに行って宿題をしようと思っています。)

同時（〜ながら）

🔊 333

넷플릭스를 보면서
ネッ プル リク ス ルル ポ ミョン ソ

밥을 먹어요.
パ プル モ ゴ ヨ

ネットフリックスを見ながら
ご飯を食べます。

こんな場面で使うよ

同時にする行動を伝えるよ

- 보다 (見る・観る) ▶▶ 보 ▶▶ 보면서 (見ながら)
  ポ ダ   ポ   ポ ミョン ソ

- 웃다 (笑う) ▶▶ 웃 ▶▶ 웃으면서 (笑いながら)
  ウッ タ   ウッ   ウ ス ミョン ソ

1 動詞の基本形から「다」を取るよ。
タ

2 最後の文字にパッチムがない場合は「-면서」、
ミョン ソ
ある場合は「-으면서」をつけるよ。
ウ ミョン ソ

★ 不規則の変換に気をつけてね。

☑ 練習してみよう 🔊 334

(1) 샤워하다 (シャワーを浴びる) ▸▸ 샤워하면서

(2) 운동하다 (運動する) ▸▸ 운동하면서

(3) 신경 쓰다 (気を使う) ▸▸ 신경 쓰면서

(4) 만들다 (作る) ▸▸ 만들면서 「ㄹ」脱落 p266 参照

(5) 듣다 (聞く) ▸▸ 들으면서 不規則「ㄷ」 p262 参照

☑ 例文で確認しよう 🔊 335

(1) 넷플릭스를 보면서 밥을 먹어요.
（ネットフリックスを見ながらご飯を食べます。）

(2) 항상 웃으면서 이야기를 해요.
（いつも笑いながら話をします。）

(3) 샤워하면서 노래 부르지 말라고 했지!
（シャワーしながら歌わないでって言ったじゃん！）

☑ 会話で確認しよう 🔊 336

전 매일 운동 하는데도 살이 안 빠져요.
（私は毎日運動するのに痩せません。）

운동하면서 먹는 것도 신경 써야 해요.
（運動しながら食べることも気を使わなければいけません。）

🔊 337

チョ ギ ソ チャム ッカン マン スィ オッ タ ガ
저기서 잠깐만 쉬었다가

カプ シ ダ
갑시다.

あそこでちょっと休んでから
行きましょう。

こんな場面で使うよ

一緒にしようと相手を誘ったり、誘導したりするよ

カ ダ　　　　　カ　　　カプ シ ダ
● 가다 (行く) ▶▶ 가 ▶▶ 갑시다 (行きましょう)

ッチク タ　　　　　ッチク　　　ッチグプ シ ダ
● 찍다 (撮る) ▶▶ 찍 ▶▶ 찍읍시다 (撮りましょう)

1 動詞の基本形から「다」を取るよ。

2 最後の文字にパッチムがない場合は「-ㅂ시다」、

ある場合は「-읍시다」をつけるよ。

★タメ口は「-자」になるよ。不規則の変換に気をつけてね。

☑ 練習してみよう　◀》 338

(1) 타다 (乗る)　▸▸ 탑시다
<small>タ ダ</small>　<small>タプ シ ダ</small>

(2) 식사하다 (食事する)　▸▸ 식사합시다
<small>シク サ ハ ダ</small>　<small>シク サ ハプ シ ダ</small>

(3) 출발하다 (出発する)　▸▸ 출발합시다
<small>チュル バ ラ ダ</small>　<small>チュル バ ラプ シ ダ</small>

(4) 걷다 (歩く)　▸▸ 걸읍시다　不規則「ㄷ」 p262 参照
<small>コッ タ</small>　<small>コ ルプ シ ダ</small>

(5) 만들다 (作る)　▸▸ 만듭시다　「ㄹ」脱落 p266 参照
<small>マンドゥル ダ</small>　<small>マンドゥプ シ ダ</small>

☑ 例文で確認しよう　◀》 339

(1) 저기서 잠깐만 쉬었다가 갑시다.
<small>チョ ギ ソ チャムッカンマン スィオッタ ガ カプ シ ダ</small>
（あそこでちょっと休んでから行きましょう。）

(2) 모처럼 모였으니까 다 같이 사진 찍읍시다.
<small>モ チョロム モ ヨッス ニッカ タ ガ チ サ ジン ッチグプ シ ダ</small>
（せっかく集まったから、みんなで写真を撮りましょう。）

(3) 사람이 많으니까 다음 거 타자.
<small>サ ラ ミ マ ヌ ニッカ タ ウム コ タ ジャ</small>
（人が多いので次のに乗ろう。）

☑ 会話で確認しよう　◀》 340

다음에 또 같이 식사합시다.
<small>タ ウ メット カ チ シク サ ハプ シ ダ</small>
（次、また一緒に食事しましょう。）

꼭 그렇게 해요. 다음에는 제가 살게요.
<small>ッコク クロ ケ ヘ ヨ タ ウ メ ヌン チェ ガ サルケ ヨ</small>
（ぜひそうしましょう。次は私が奢ります。）

-아/어 보이는데
ア オ ボ イ ヌン デ

印象（〜見えるけど）

🔊 341

여자 친구 같아 보이는데
ヨ ジャ チン グ カ タ ボ イ ヌン デ

아니에요?
ア ニ エ ヨ

彼女のように見えるけど
違いますか？

こんな場面で使うよ

日本語の「〜見えるけど」と
同じように使えるよ

같다 ▸▸ 같아요 ▸▸ 같아 보이는데
カッタ カ タ ヨ カ タ ボ イ ヌン デ

（同じだ・〜のようだ）　　　　（〜のように見えるけど）

① 形容詞を「요体」に変えよう。

② 「요」を取って、「-보이는데」をつけるよ。

★ 「요体」の作り方は p245 〜を参照。

★ 不規則の変換に気をつけてね。

① 힘들다 (大変だ・疲れる)　▶▶　힘들어 보이는데
ヒムドゥルダ　　　　　　　　　ヒムドゥロ　ボイヌンデ

② 젊다 (若い)　　　　　　　▶▶　젊어 보이는데
チョムタ　　　　　　　　　　　チョルモ　ボイヌンデ

③ 싱겁다 (味が薄い)　　　　▶▶　싱거워 보이는데　不規則「ㅂ」p261 参照
シンゴプタ　　　　　　　　　　シンゴウォ　ボイヌンデ

④ 안 좋다 (よくない)　　　　▶▶　안 좋아 보이는데
アン ジョタ　　　　　　　　　　アン ジョア　ボイヌンデ

⑤ 가깝다 (近い)　　　　　　▶▶　가까워 보이는데　不規則「ㅂ」p261 参照
カッカプタ　　　　　　　　　　カッカウォ　ボイヌンデ

☑ 例文で確認しよう　　　　　　　　　　🔊 343

① 여자 친구 같아 보이는데 아니에요?
ヨ ジャ チング カタ ボイヌンデ アニエヨ
（彼女のように見えるけど違いますか？）

② 힘들어 보이는데 괜찮으세요?
ヒムドゥロ ボイヌンデ クェンチャヌセヨ
（大変そうに見えるけど、大丈夫でしょうか？）

③ 나이보다 10살은 젊어 보이는데.
ナイボダ ヨル サルン チョルモ ボイヌンデ
（年齢より 10 歳は若く見えるけど。）

☑ 会話で確認しよう　　　　　　　　　　🔊 344

좀 싱거워 보이는데 ‘다대기’ 드릴까요?
チョム シンゴウォ ボイ ヌンデ タ デギ ドゥリルッカ ヨ
（ちょっと味が薄そうに見えるけど、「タデギ」差し上げましょうか？）

저는 싱겁게 먹는 편이라서 괜찮아요.
チョ ヌン シンゴプケ モンヌン ピョ ニ ラ ソ クェンチャ ナ ヨ
（私は薄味で食べるほうなので大丈夫です。）

イ ゴ イ ボ ブァド ドゥェ ヨ
이거 입어 봐도 돼요?

これ着てみてもいいですか？

こんな場面で使うよ

相手に許可を尋ねるよ

イ ボ ボ ダ　　イ ボ ブァ ヨ　　イ ボ ブァド ドゥェ ヨ
입어 보다 ▸▸ 입어 봐요 ▸▸ 입어 봐도 돼요?
（着てみる）　　　　　　　　　（着てみてもいいですか？）

1 動詞を「요体」に変えよう。

2 「요」を取って「-도 돼요?」をつけるよ。

★タメ口は「-아 / 어도 돼?」になるよ。

202

(1) 피우다 (吸う)　　▶▶ 피워도 돼요?

(2) 마시다 (飲む)　　▶▶ 마셔도 돼요?

(3) 앉다 (座る)　　　▶▶ 앉아도 돼요?

(4) 건너다 (渡る)　　▶▶ 건너도 돼요?

(5) 키우다 (育てる・飼う)　▶▶ 키워도 돼요?

☑ 例文で確認しよう　　　　　　　　　　　　　　◀》 347

(1) 이거 입어 봐도 돼요? (これ着てみてもいいですか？)

(2) 여기서 담배를 피워도 돼요?
（ここでタバコを吸ってもいいですか？）

(3) 내일 시험인데 술을 마셔도 돼?
（明日試験なんだけどお酒を飲んでもいい？）

☑ 会話で確認しよう　　　　　　　　　　　　　　◀》 348

저기 창가 자리에 앉아도 돼요?
（あそこの窓側席に座ってもいいですか？）

죄송합니다만, 저쪽은 예약석이에요.
（申し訳ありませんが、あちらは予約席です。）

DAY 81-90

チョ カ ヌン　チャル セン ギン　ナム ジャ
조카는 잘생긴 남자
ア ペ　ソ ミョン　プック ロ ウォ ヘ ヨ
앞에 서면 부끄러워해요.

姪はイケメンの前に立つと
恥ずかしがります。

こんな場面で使うよ

第三者の感情や気分を代わりに伝えるよ

プック ロプ タ　　　　プック ロ ウォ ヨ　　　　プック ロ ウォ ヘ ヨ
부끄럽다 ▸▸ 부끄러워~~요~~ ▸▸ 부끄러워해요

（恥ずかしい）　　　　　　　　　　　　　　　　（恥ずかしがります）

1 形容詞を「요体」に変えよう。

2 「요」を取って「-해요」をつけるよ。

★タメ口は「-아 / 어해」になるよ。不規則の変換に気をつけてね。

204

✓ 練習してみよう 🔊 350

(1) キップ ダ
기쁘다 (嬉しい) ▶▶ キッポ ヘ ヨ
기뻐해요 「으」脱落 p264 参照

(2) ヒムドゥル ダ
힘들다 (大変だ・疲れる) ▶▶ ヒムドゥロ ヘ ヨ
힘들어해요

(3) スル プ ダ
슬프다 (悲しい) ▶▶ スル ポ ヘ ヨ
슬퍼해요 「으」脱落 p264 参照

(4) シム シ マ ダ
심심하다 (退屈だ) ▶▶ シム シ メ ヘ ヨ
심심해해요

(5) ヘン ボ カ ダ
행복하다 (幸せだ) ▶▶ ヘン ボ ケ ヘ ヨ
행복해해요

✓ 例文で確認しよう 🔊 351

(1) チョ カ ヌン チャル センギン ナムジャ ア ベ ソ ミョン ブックロ ウォ ヘ ヨ
조카는 잘생긴 남자 앞에 서면 부끄러워해요.
(姪はイケメンの前に立つと恥ずかしがります。)

(2) ア ネ ガ ト ピク サ グ ベ ハプキョ ゲ ソ キッポ ヘ ヨ
아내가 토픽 4급에 합격해서 기뻐해요.
(妻が TOPIK4 級に合格して嬉しがっています。)

(3) チン グ ガ マ ニ コ ロ ソ ヒムドゥロ ヘ
친구가 많이 걸어서 힘들어해.
(友達がたくさん歩いて大変そう。)

✓ 会話で確認しよう 🔊 352

ッタルン カン ア ジ ガ イ ブォ ネ ソ スル ポ ヘ ヨ
딸은 강아지가 입원해서 슬퍼해요.
(娘は子犬が入院して悲しがっています。)

オ モ ウェ イ ブォネッ ソ ヨ
어머, 왜 입원했어요?
(あら、なんで入院したんですか？)

DAY 81-90

◀)) 353

성수동에 가 봤어요.

（ソン ス ドン エ カ ブァッ ソ ヨ）

聖水洞に行ってみました。

こんな場面で使うよ

**経験があることを伝えたり、
経験を相手に尋ねたりできるよ**

가다 ▶▶ 가<del>요</del> ▶▶ 가 봤어요
（カ ダ）　　（カ ヨ）　　　（カ ブァッ ソ ヨ）
（行く）　　　　　　　　（行ってみました）

1 動詞を「요体」に変えよう。

2 「요」を取って「-봤어요」をつけるよ。
（ブァッ ソ ヨ）

★タメ口は「-아 / 어 봤어」になるよ。不規則の変換に気をつけてね。
（ア オ ブァッ ソ）

☑ 練習してみよう 🔊 354

1. トゥッタ
   듣다 (聞く) ▸▸ トゥロ ファッソ ヨ
   들어 봤어요 不規則「ㄷ」 p262 参照

2. タム グ ダ
   담그다 (漬ける) ▸▸ タム ガ ファッソ ヨ
   담가 봤어요 「으」脱落 p264 参照

3. ッス ダ
   쓰다 (書く・使う) ▸▸ ッソ ファッソ ヨ
   써 봤어요 「으」脱落 p264 参照

4. マンドゥル ダ
   만들다 (作る) ▸▸ マンドゥロ ファッソ ヨ
   만들어 봤어요

5. イ ヤ ギルル ナ ヌ ダ
   이야기를 나누다
   (対話する・話し合う) ▸▸ イ ヤ ギルル ナ ヌォ ファッソ ヨ
   이야기를 나눠 봤어요

☑ 例文で確認しよう 🔊 355

1. ソン ス ドン エ カ ファッソ ヨ
   성수동에 가 봤어요. (聖水洞に行ってみました。)

2. チョ ド ク ゴク トゥ ロ ファッソ ヨ
   저도 그 곡 들어 봤어요. (私もその曲聞いてみました。)

3. ハン グ ゲ インヌン チン グ チ ベ ソ キム チ ルル タム ガ ファッソ
   한국에 있는 친구 집에서 김치를 담가 봤어.
   (韓国にいる友達の家でキムチを漬けてみたよ。)

☑ 会話で確認しよう 🔊 356

ネ ガ チョ ボ ネ ソ ゲ ハン エ ッソ ファッソ
내가 저번에 소개한 앱 써 봤어?
(私がこの前紹介したアプリを使ってみた？)

タ ウンマン バ ダ ノ コ ア ジ ガン ッソ ファッソ
다운만 받아 놓고 아직 안 써 봤어.
(ダウンロードだけしておいて、まだ使ってないよ。)

청소를 해도 바로 더러워져요.
チョン ソ ルル ヘ ド バ ロ
ド ロ ウォ ジョ ヨ

掃除をしてもすぐ汚れます。

こんな場面で使うよ

前の内容の影響がなく、
後ろの内容が起こることを伝えるよ

하다 ▶▶ 해**요** ▶▶ 해도
ハ ダ　　　ヘ ヨ　　　　ヘ ド
（する・やる）　　　　　　　　　　（しても）

1 動詞・形容詞を「요体」に変えよう。

2 「요」を取って「-도」をつけるよ。

★ 不規則の変換に気をつけてね。

☑ 練習してみよう　　　　　　　　　　　　　　🔊 358

(1) <ruby>먹다<rt>モクタ</rt></ruby> (食べる)　　▸▸ <ruby>먹어도<rt>モゴド</rt></ruby>

(2) <ruby>춥다<rt>チュプタ</rt></ruby> (寒い)　　▸▸ <ruby>추워도<rt>チュウォド</rt></ruby> 不規則「ㅂ」 p261 参照

(3) <ruby>반대하다<rt>パンデハダ</rt></ruby> (反対する)　　▸▸ <ruby>반대해도<rt>パンデヘド</rt></ruby>

(4) <ruby>귀찮다<rt>クィチャンタ</rt></ruby> (面倒だ)　　▸▸ <ruby>귀찮아도<rt>クィチャナド</rt></ruby>

(5) <ruby>나이를 먹다<rt>ナイルル モクタ</rt></ruby> (年をとる)　　▸▸ <ruby>나이를 먹어도<rt>ナイルル モゴド</rt></ruby>

☑ 例文で確認しよう　　　　　　　　　　　　　🔊 359

(1) <ruby>청소를 해도 바로 더러워져요.<rt>チョン ソルル ヘ ド バロ ド ロウォジョ ヨ</rt></ruby>
　　(掃除をしてもすぐ汚れます。)

(2) <ruby>많이 먹어도 살이 안 찌는 체질이에요.<rt>マ ニ モ ゴ ド サ リ アン ッチヌン チェ ジ リ エ ヨ</rt></ruby>
　　(たくさん食べても太らない体質です。)

(3) <ruby>아무리 추워도 치마를 입고 가고 싶어!<rt>ア ム リ チュウォド チ マ ルル イプ コ カ ゴ シ ボ</rt></ruby>
　　(どんなに寒くてもスカートを履いて行きたい！)

☑ 会話で確認しよう　　　　　　　　　　　　　🔊 360

<ruby>부모님이 반대해도 결혼할 거예요?<rt>ブ モ ニ ミ パンデ ヘ ド キョ ロ ナル コ エ ヨ</rt></ruby>
(両親が反対しても結婚しますか？)

<ruby>네! 전 좋아하는 사람과 결혼할 거예요.<rt>ネ チョン チョア ハ ヌン サ ラムグァ キョ ロ ナル コ エ ヨ</rt></ruby>
(はい！　私は好きな人と結婚します。)

1

많이 (　　　) 살이 안 찌는 체질이에요.

① 먹을지　　　　② 먹어도
③ 먹어야　　　　④ 먹으면서

2

다운만 받아 놓고 아직 안 (　　　).

① 써 볼 뿐이에요　　② 써 봤어
③ 써 봐도 돼　　　④ 써 봅시다

3

조카는 잘생긴 남자 앞에 서면 (　　　).

① 부끄럽고 말고요.　② 부끄럽네요
③ 부끄러운 편이에요　④ 부끄러워해요

4

여기서 담배를 (　　　)?

① 키우도 돼요　　② 키워도 돼요
③ 피우도 돼요　　④ 피워도 돼요

5

여자 친구 (　　　) 아니에요?

① 같아 보일 테니까　② 같아 보일지
③ 같아 보이는데　　④ 같아 보이면

本書で学習した例文です。文が完成するように、空欄に入る表現を選んでください。解答はp234をご覧ください。

6

저기서 잠깐만 쉬었다가 (   ).

① 가고말고요   ② 갈 뿐이에요

③ 갑시다   ④ 가기만 해요

7

항상 (   ) 이야기를 해요.

① 웃으면서   ② 웃으니까

③ 웃으려면   ④ 웃을수록

8

난 한국에서 구직 활동을 (   ).

① 할 거야   ② 합시다

③ 하더라고   ④ 하던데요

9

사진으로 봤을 때는 (   ).

① 넓울 거예요   ② 넓을 거예요

③ 넓운 줄 았어요   ④ 넓은 줄 알았어요

10

어디선가 목소리가 (   ).

① 듣을 뿐이에요   ② 들릴 뿐이에요

③ 들릴 뿐이에요   ④ 들을 뿐이에요

ア オ ソ グ ロン ジ

理由の推測（〜からか）

🔊 361

ム ヨン ウ レ ソ グ ロン ジ

무용을 해서 그런지

チュム ソ ニ イェ ップ ネ ヨ

춤선이 예쁘네요.

**舞踊をしているからか、
ダンスラインがきれいですね。**

こんな場面で使うよ

確実ではない理由を伝えるよ

ハ ダ ヘ ヨ ヘ ソ グ ロン ジ

하다 ▸▸ 해<s>요</s> ▸▸ 해서 그런지

（する・やる）　　　　　　（しているからか）

1 動詞・形容詞を「요体」に変えよう。

2 「요」を取って「-서 그런지」をつけるよ。

① 먹다 ^{モクタ}(食べる)　▸▸ 먹어서 그런지 ^{モ ゴ ソ グ ロンジ}

② 안 불다 ^{アン ブルダ}(吹かない)　▸▸ 안 불어서 그런지 ^{アン ブ ロ ソ グ ロンジ}

③ 공부하다 ^{コン ブ ハ ダ}(勉強する)　▸▸ 공부해서 그런지 ^{コン ブ ヘ ソ グ ロンジ}

④ 맛있다 ^{マ シッタ}(美味しい)　▸▸ 맛있어서 그런지 ^{マ シッ ソ ソ グ ロンジ}

⑤ 좋다 ^{チョタ}(いい)　▸▸ 좋아서 그런지 ^{チョ ア ソ グ ロンジ}

☑ 例文で確認しよう　🔊 363

① 무용을 해서 그런지 춤선이 예쁘네요. ^{ム ヨン ウ レ ソ グ ロンジ チュム ソニ イェップ ネ ヨ}
（舞踊をしているからか、ダンスラインがきれいですね。）

② 점심을 많이 먹어서 그런지 아직 배가 안 고파요. ^{チョム シ ムル マ ニ モ ゴ ソ グ ロンジ ア ジク ペ ガ アン ゴ パ ヨ}
（昼食をたくさん食べたからか、まだお腹が空いていません。）

③ 바람이 안 불어서 그런지 그렇게 안 춥네. ^{パ ラ ミ アン ブ ロ ソ グ ロンジ ク ロ ケ アン チュム ネ}
（風が吹かないからかそんなに寒くないね。）

☑ 会話で確認しよう　🔊 364

토픽 시험 어땠어요? ^{ト ピク シ ホム オ ッテッ ソ ヨ}
（TOPIK 試験はどうでしたか？）

열심히 공부해서 그런지 쉬웠어요. ^{ヨル シ ミ コン ブ ヘ ソ グ ロンジ スィ ウォッ ソ ヨ}
（一生懸命勉強したからか簡単でした。）

カヌン ハミョン ッタロッタロ
가능하면 따로따로
ッサ ジュセヨ
싸 주세요.

できれば別々に包んでください。

こんな場面で使うよ

相手にお願いや依頼をするときに使うよ

ッサダ　　ッサ ヨ　　ッサ ジュセヨ　ジュ シ ゲッ ソ ヨ
싸다 ▸▸ **싸요** ▸▸ **싸 주세요・주시겠어요?**

（包む）　　　　　　（包んでください・包んでいただけますか？）

1 動詞を「요体」に変えよう。

2 「요」を取って「-주세요・주시겠어요?」をつ
けるよ。

ジュセヨ　　ジュ シ ゲッ ソ ヨ

★タメ口は「-아/어 줘・줄래?」になるよ。
ア オ ジュォ ジュレ

214

☑ 練習してみよう　🔊 366

(1) 갈다 (替える)　**▶▶** 갈아 주세요・주시겠어요?
カル ダ　　　　　カ ラ ジュ セ ヨ　ジュ シ ゲッ ソ ヨ

(2) 담다 (入れる・盛る)　**▶▶** 담아 주세요・주시겠어요?
タム タ　　　　　　　タ マ ジュ セ ヨ　ジュ シ ゲッ ソ ヨ

(3) 신청하다 (申し込む)　**▶▶** 신청해 주세요・주시겠어요?
シン チョン ハ ダ　　　　　　シン チョン ヘ ジュ セ ヨ　ジュ シ ゲッ ソ ヨ

(4) 들다 (持つ)　**▶▶** 들어 주세요・주시겠어요?
トゥル ダ　　　　　　トゥ ロ ジュ セ ヨ　ジュ シ ゲッ ソ ヨ

(5) 양보하다 (譲る)　**▶▶** 양보해 주세요・주시겠어요?
ヤン ボ ハ ダ　　　　　　ヤン ボ ヘ ジュ セ ヨ　ジュ シ ゲッ ソ ヨ

☑ 例文で確認しよう　🔊 367

(1) 가능하면 따로따로 싸 주세요.
カ ヌン ハ ミョン ッタ ロ ッタ ロ ッサ ジュ セ ヨ
(できれば別々に包んでください。)

(2) 저기요, 여기 불판 좀 갈아 주시겠어요?
チョ ギ ヨ　ヨ ギ プルパン チョム カ ラ ジュ シ ゲッ ソ ヨ
(すみません、ここの網を替えていただけますか?)

(3) 화장실 갔다 올테니까 이거 잠깐만 들어 줘.
ファ ジャン シル カッ タ オル テ ニッ カ イ ゴ チャムッカン マン トゥ ロ ジュォ
(トイレ行ってくるからこれちょっと持ってて。)

☑ 会話で確認しよう　🔊 368

봉투 필요하세요? (袋は必要ですか?)
ポン トゥ ピ リョ ハ セ ヨ

네, 봉투에 담아 주세요.
ネ ポン トゥ エ タ マ ジュ セ ヨ
(はい、袋に入れてください。)

◀)) 369

ピ ヘンギ タ ヌン ゴ セ
비행기 타는 것에
イ ク ス ケ ジョッ ソ ヨ
익숙해졌어요.

飛行機に乗ることに慣れました。

こんな場面で使うよ

状態が変化したときに使うよ

イクスカダ   イ ク スケヨ   イクスケ ジョッ ソ ヨ
익숙하다 ▸▸ **익숙해요** ▸▸ **익숙해졌어요**
（慣れている）   （慣れました）

1 形容詞を「^ヨ요体」に変えよう。

2 「^ヨ요」を取って「^{ジョッ ソ ヨ}-졌어요」をつけるよ。

★ タメ口は「^{ア オジョッソ}-아 / 어졌어」になるよ。

① 튼튼하다 (丈夫だ)　▶▶ 튼튼해졌어요

② 깨끗하다 (きれいだ・清潔だ)　▶▶ 깨끗해졌어요

③ 통통하다 (ぷくぷくしている)　▶▶ 통통해졌어요

④ 복잡하다 (複雑だ)　▶▶ 복잡해졌어요

⑤ 길다 (長い)　▶▶ 길어졌어요

☑ 例文で確認しよう　　　　　　　　　🔊 371

① 비행기 타는 것에 익숙해졌어요.
（飛行機に乗ることに慣れました。）

② 매일 30분씩 달렸더니 몸이 튼튼해졌어요.
（毎日30分ずつ走っていたら体が丈夫になりました。）

③ 이 세안제 쓰고 나서 피부가 진짜 좋아졌어.
（この洗顔料を使ってから肌が本当によくなった。）

☑ 会話で確認しよう　　　　　　　　　🔊 372

요즘 술자리가 많아서 볼이 통통해졌어요.
（最近飲み会が多くて頬がぷくぷくになりました。）

지금 딱 좋아 보이는데요.
（今ちょうどよく見えますが。）

9시까지 공항에 가야 해요.
^{アホプ シ ッカ ジ コン ハン エ}
^{カ ヤ ヘ ヨ}

9時までに空港に行かなければ
いけません。

こんな場面で使うよ

日本語の「〜なければいけません」と 同じように使えるよ

가다 ▸▸ 가<del>요</del> ▸▸ 가야 해요
^{カ ダ} ^{カ ヨ} ^{カ ヤ ヘ ヨ}
（行く） （行かなければいけません）

1 動詞・形容詞の基本形を「요体」に変えよう。

2 「요」を取って「-야 해요」をつけるよ。

★タメ口は「-아 / 어야 해」になるよ。

(1) 전화하다 (電話する)　▶▶ 전화해야 해요
　　チョ ヌァ ハ ダ　　　　　　　チョ ヌァ ヘ ヤ ヘ ヨ

(2) 짧다 (短い)　▶▶ 짧아야 해요
　　ッチャル タ　　　　ッチャル バ ヤ ヘ ヨ

(3) 끝내다 (終わらせる・終える)　▶▶ 끝내야 해요
　　ックン ネ ダ　　　　　　　　　　ックン ネ ヤ ヘ ヨ

(4) 재미있다 (面白い)　▶▶ 재미있어야 해요
　　チェ ミ イッ タ　　　　　チェ ミ イッ ソ ヤ ヘ ヨ

(5) 성실하다 (真面目だ)　▶▶ 성실해야 해요
　　ソン シ ラ ダ　　　　　　ソン シ レ ヤ ヘ ヨ

✓ 例文で確認しよう　　　　　　　　　　◀》375

(1) 9시까지 공항에 가야 해요.
　　アホプ シッ カ ジ コン ハン エ カ ヤ ヘ ヨ
　　(9時までに空港に行かなければいけません。)

(2) 캐치프레이즈니까 좀 더 짧아야 해요.
　　ケ チ プ レ イ ジュ ニ ッカ チョム ド ッチャル バ ヤ ヘ ヨ
　　(キャッチフレーズなのでもう少し短くなければいけません。)

(3) 제시간에 도착하려면 택시를 타야 해.
　　チェ シ ガ ネ ト チャ カ リョ ミョン テク シ ル ル タ ヤ ヘ
　　(時間通りに到着するにはタクシーに乗らなければいけない。)

✓ 会話で確認しよう　　　　　　　　　　◀》376

이거 언제까지 하면 돼요?
イ ゴ オン ジェ ッカ ジ ハ ミョン ドゥェ ヨ
(これ、いつまでにやればいいんですか？)

오늘 안으로 끝내야 해요.
オ ヌ ラ ヌ ロ ックン ネ ヤ ヘ ヨ
(今日中に終わらせなければいけません。)

必須条件（〜ないと）

ェ ブル タ ウン バ ダ ヤ
앱을 다운 받아야
ハ リ ヌル パ ドゥル ス イッ ソ ヨ
할인을 받을 수 있어요.

アプリをダウンロードしないと
割引できません。

こんな場面で使うよ

ある行動の必須条件を伝えるよ

タ ウン バッタ　　　タ ウン バ ダ ヨ　　　タ ウン バ ダ ヤ
다운 받다 ▸▸ 다운 받아~~요~~ ▸▸ 다운 받아야
（ダウンロードする）　　　　　　　　（ダウンロードしないと）

1 動詞・形容詞の基本形を「요体」に変えよう。
　　　　　　　　　　　　　　　　　　　ヨ

2 「요」を取って「-야」をつけるよ。
　　ヨ　　　　　　　ヤ

★ 直訳は「〜ないと…できる」だけど、日本語では「〜ないと…できない」
　と訳すのが自然だよ。不規則の変換に気をつけてね。

☑ 練習してみよう　🔊 378

(1) 끝내다 (終わらせる・終える)　▶▶ 끝내야

(2) 하다 (する・やる)　▶▶ 해야

(3) 되다 (なる)　▶▶ 돼야　特殊な요体 p254 参照

(4) 배고프다 (お腹が空く)　▶▶ 배고파야

(5) 빠르다 (早い)　▶▶ 빨라야　「으」脱落 p264 参照

☑ 例文で確認しよう　🔊 379

(1) 앱을 다운 받아야 할인을 받을 수 있어요.
（アプリをダウンロードしないと割引できません。）

(2) 오늘까지 이 일을 끝내야 퇴근할 수 있어요.
（今日までにこの仕事を終わらせないと退動できません。）

(3) 난 운동을 해야 마음 편히 잘 수 있어.
（私は運動をしないと安心して寝ることができない。）

☑ 会話で確認しよう　🔊 380

일본에서는 스무 살이 돼야 술을
마실 수 있어?
（日本では20歳にならないとお酒が飲めないの？）

맞아. 한국은 달라? (そうだよ。韓国は違うの？)

제가 커피 사 가지고 올게요.
^{チェ ガ コ ピ サ ガ ジ ゴ}
^{オル ケ ヨ}

私がコーヒー買って来ます。

こんな場面で使うよ

ある行動の結果や状態をもとに、
別の行動をすることを伝えるよ

^{サ ダ} ▶ ^{サ ヨ} ▶ ^{サ ガ ジ ゴ}
사다 ▶ 사~~요~~ ▶ 사 가지고
（買う）　　　　　　　　（買って）

1 動詞を「요体」に変えよう。

2 「요」を取って「-가지고」をつけるよ。

★ 不規則の変換に気をつけてね。

(1) 끓이다 (沸かす) ▶▶ 끓여 가지고

(2) 생각하다 (考える) ▶▶ 생각해 가지고

(3) 싸다 (包む) ▶▶ 싸 가지고

(4) 챙기다 (取りそろえる) ▶▶ 챙겨 가지고

(5) 쓰다 (書く・使う) ▶▶ 써 가지고 「으」脱落 p264 参照

✓ 例文で確認しよう ◀》 383

(1) 제가 커피 사 가지고 올게요.
(私がコーヒー買って来ます。)

(2) 혼자서 라면 끓여 가지고 먹었어요.
(1人でラーメンを作って食べました。)

(3) 내일까지 좀 더 생각해 가지고 와.
(明日までもう少し考えてきて。)

✓ 会話で確認しよう ◀》 384

이거 어떻게 먹으면 돼요?
(これどうやって食べればいいんですか？)

고기를 상추에 싸 가지고 드세요.
(肉をサンチュに包んで召し上がってください。)

理由・原因（〜て・〜から・〜ので）

コ ロ ナ エ コル リョ ガ ジ ゴ
코로나에 걸려 가지고

イル チュ イル トン アン ホン ナッ ソ ヨ
1주일 동안 혼났어요.

コロナにかかって1週間大変でした。

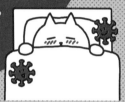

こんな場面で使うよ

DAY96 は「順番」に焦点を当てていて、
DAY97 は「理由・原因」に焦点を当てるよ。

コル リ ダ   コル リョ ヨ   コル リョ ガ ジ ゴ
걸리다 ▸▸ **걸려요** ▸▸ **걸려 가지고**
（かかる）   （かかって）

1 動詞・形容詞の基本形を「<ruby>요<rt>ヨ</rt></ruby>体」に変えよう。

2 「<ruby>요<rt>ヨ</rt></ruby>」を取って「-<ruby>가지고<rt>カジゴ</rt></ruby>」をつけるよ。

★ 不規則の変換に気をつけてね。

☑ 練習してみよう　🔊 386

① 덥다 (暑い) トゥタ　▸▸ 더워 가지고 トゥォ ガ ジ ゴ　不規則「ㅂ」 p261 参照

② 많다 (多い) マンタ　▸▸ 많아 가지고 マ ナ ガ ジ ゴ

③ 없다 (いない・ない) オプタ　▸▸ 없어 가지고 オプソ ガ ジ ゴ

④ 마음에 들다 (気に入る) マ ウ メ ドゥル ダ　▸▸ 마음에 들어 가지고 マ ウ メ ドゥル ロ ガ ジ ゴ

⑤ 밤을 새우다 (徹夜する) パ ム ル セ ウ ダ　▸▸ 밤을 새워 가지고 パ ム ル セ ウォ ガ ジ ゴ

☑ 例文で確認しよう　🔊 387

① 코로나에 걸려 가지고 1주일 동안 혼났어요.
コ ロ ナ エ コル リョ ガ ジ ゴ イルチュイル トンアン ホンナッ ソ ヨ
(コロナにかかって1週間大変でした。)

② 더워 가지고 창문을 열었어요. (暑くて窓を開けました。)
トゥォ ガ ジ ゴ チャン ム ヌル ヨ ロッ ソ ヨ

③ 거기는 항상 사람이 많아 가지고 싫어.
コ ギ ヌン ハンサン サ ラ ミ マ ナ ガ ジ ゴ シ ロ
(そこはいつも人が多くて嫌だ。)

☑ 会話で確認しよう　🔊 388

뭐 샀어요? (何を買いましたか？)
ムォ サッ ソ ヨ

마음에 드는 게 없어 가지고
マ ウ メ ドゥ ヌン ゲ オプ ソ ガ ジ ゴ
아무것도 안 샀어요.
ア ム ゴット アン サッ ソ ヨ
(気に入ったものがなくて何も買いませんでした。)

DAY 91-100

アッ オッスミン チョケッソ ヨ
-았 / 었으면 좋겠어요

希望（〜たらいいですね・〜てほしいです）

🔊 389

ハン グ ゲ カッ スル ッテ ナルッシ ガ
한국에 갔을 때 날씨가
チョ アッ ス ミョン チョ ケッ ソ ヨ
좋았으면 좋겠어요.

韓国に行ったとき、
天気がよかったらいいですね。

こんな場面で使うよ

まだ現実でないことに対して
自分の希望や願いをより強く込めて伝えるよ

チョ アッタ タ
좋았다
（よかった）

▸▸

チョ アッ
좋았

▸▸

チョ アッス ミョン チョ ケッ ソ ヨ
좋았으면 좋겠어요
（よかったらいいですね）

1 動詞・形容詞の過去形から「다^タ」を取るよ。

2 「-으면 좋겠어요^{ウ ミョン チョケッ ソ ヨ}」をつけるよ。

★ 過去形の作り方は p255 〜を参照。不規則の変換に気をつけてね。

★ タメロは「-았 / 었으면 좋겠어^{アッ オッスミョンチョケッ}」になるよ。

☑ 練習してみよう 🔊 390

(1) 끊었다 (やめた) ▶▶ 끊었으면 좋겠어요

(2) 넣었다 (入れた) ▶▶ 넣었으면 좋겠어요

(3) 건강했다 (健康だった) ▶▶ 건강했으면 좋겠어요

(4) 나았다 (治った) ▶▶ 나았으면 좋겠어요　不規則「ㅅ」 p263 参照

(5) 많았다 (多かった) ▶▶ 많았으면 좋겠어요

☑ 例文で確認しよう 🔊 391

(1) 한국에 갔을 때 날씨가 좋았으면 좋겠어요.
(韓国に行ったとき、天気がよかったらいいですね。)

(2) 아빠가 담배를 끊었으면 좋겠어요.
(お父さんにタバコをやめてほしいです。)

(3) 손흥민 선수가 골을 넣었으면 좋겠어.
(ソン・フンミン選手がゴールを決めたらいいな。)

☑ 会話で確認しよう 🔊 392

올해 바라는 거 있어요?
(今年望むことがありますか？)

가족들이 건강했으면 좋겠어요.
(家族が元気でいてほしいです。)

DAY 91-100

🔊 393

<ruby>카<rt>カ</rt></ruby><ruby>페<rt>ペ</rt></ruby><ruby>에<rt>エ</rt></ruby> <ruby>들<rt>トゥ</rt></ruby><ruby>어<rt>ロ</rt></ruby><ruby>갔<rt>ガッ</rt></ruby><ruby>다<rt>タ</rt></ruby><ruby>가<rt>ガ</rt></ruby>
<ruby>사<rt>サ</rt></ruby><ruby>람<rt>ラ</rt></ruby><ruby>이<rt>ミ</rt></ruby> <ruby>많<rt>マ</rt></ruby><ruby>아<rt>ナ</rt></ruby><ruby>서<rt>ソ</rt></ruby> <ruby>나<rt>ナ</rt></ruby><ruby>왔<rt>ワッ</rt></ruby><ruby>어<rt>ソ</rt></ruby><ruby>요<rt>ヨ</rt></ruby>.

カフェに入ったけど
人が多いので出ました。

こんな場面で使うよ

反対の行動や状態のことや、
偶然起こったことを伝えたりできるよ

<ruby>들<rt>トゥ</rt></ruby><ruby>어<rt>ロ</rt></ruby><ruby>갔<rt>ガッ</rt></ruby><ruby>다<rt>タ</rt></ruby> ▸▸ <ruby>들<rt>トゥ</rt></ruby><ruby>어<rt>ロ</rt></ruby><ruby>갔<rt>ガッ</rt></ruby> ▸▸ <ruby>들<rt>トゥ</rt></ruby><ruby>어<rt>ロ</rt></ruby><ruby>갔<rt>ガッ</rt></ruby><ruby>다<rt>タ</rt></ruby><ruby>가<rt>ガ</rt></ruby>
（入った）   （入ったけど）

1 動詞の過去形から「<ruby>다<rt>タ</rt></ruby>」を取るよ。

2 「-<ruby>다<rt>タ</rt></ruby><ruby>가<rt>ガ</rt></ruby>」をつけるよ。

☑ 練習してみよう   🔊 394

① 갔다 (行った) ▶▶ 갔다가
　　カッタ　　　　　　　　カッタ ガ

② 그쳤다 ((雨が)やんだ) ▶▶ 그쳤다가
　　ク チョッ タ　　　　　　　　ク チョッ タ ガ

③ 일어났다 (起きた) ▶▶ 일어났다가
　　イ ロ ナッタ　　　　　　　　イ ロ ナッタ ガ

④ 벗었다 (脱いだ) ▶▶ 벗었다가
　　ポ ソッ タ　　　　　　　ポ ソッ タ ガ

⑤ 켰다 (点けた) ▶▶ 켰다가
　　キョッ タ　　　　　　キョッ タ ガ

☑ 例文で確認しよう   🔊 395

① 카페에 들어갔다가 사람이 많아서 나왔어요.
　　カ ペ エ トゥ ロ ガッ タ ガ サ ラ ミ マ ナ ソ ナ ワッ ソ ヨ
　(カフェに入ったけど人が多いので出ました。)

② 강남역에 갔다가 우연히 친구를 만났어요.
　　カン ナ ムニョ ゲ カッ タ ガ ウ ヨ ニ チン グ ルル マンナッ ソ ヨ
　(江南駅に行ったら偶然友達に会いました。)

③ 비가 그쳤다가 다시 와. (雨がやんだけどまた降ってる。)
　　ピ ガ ク チョッ タ ガ タ シ ワ

☑ 会話で確認しよう   🔊 396

오늘 몇 시에 일어났어요?
オ ヌル ミョッ シ エ イ ロ ナッ ソ ヨ
(今日何時に起きましたか？)

6시에 일어났다가 졸려서 다시 잤어요.
ヨッシ エ イ ロ ナッ タ ガ チョルリョ ソ タ シ ジャッ ソ ヨ
(6時に起きたけど、眠くてまた寝ました。)

229

-았 / 었었어요
_{アッ オッソッ ソ ヨ}

🔊 397

過去完了（〜ていました）

コ ドゥン ハク セン ッテ タク ク ルル
고등학생 때 탁구를
メ イル チョッ ソッ ソ ヨ
매일 쳤었어요.

高校生のとき、卓球を
毎日して（打って）いました。

こんな場面で使うよ

現在は起きていない
過去の出来事・習慣・現象を伝えるよ

チョッ タ
쳤다 ▸

チョッ
쳤 ▸

チョッ ソッ ソ ヨ
쳤었어요

（打った）

（打っていました）

1 動詞・形容詞の過去形から「다」を取るよ。

2 「-었어요」をつけるよ。

★ タメ口は「-았 / 었었어」になるよ。不規則の変換に気をつけてね。

☑ 練習してみよう 🔊 398

1 시끄러웠다 (うるさかった)
シック ロ ウォッ タ
▶▶ 시끄러웠었어요
シック ロ ウォッソッ ソ ヨ
不規則「ㅂ」
p261 参照

2 일했다 (働いた・勤めた)
イ レッ タ
▶▶ 일했었어요
イ レッソッ ソ ヨ

3 피웠다 (吸った)
ピ ウォッ タ
▶▶ 피웠었어요
ピ ウォッソッ ソ ヨ

4 친했다 (親しかった・仲がよかった)
チ ネッ タ
▶▶ 친했었어요
チ ネッソッ ソ ヨ

5 놀았다 (遊んだ)
ノ ラッ タ
▶▶ 놀았었어요
ノ ラッソッ ソ ヨ

☑ 例文で確認しよう 🔊 399

1 고등학생 때 탁구를 매일 쳤었어요.
コ ドゥン ハク セン ッテ タク クルル メ イル チョッソッ ソ ヨ
(高校生のとき、卓球を毎日して(打って)いました。)

2 아까까지 진짜 시끄러웠었어요.
ア ッカッカ ジ チンッチャ シック ロ ウォッソッ ソ ヨ
(さっきまで本当にうるさかったんです。)

3 지난달까지 저기 한식집에서 일했었어.
チ ナンダルッカ ジ チョ ギ ハンシク チ ベ ソ イ レッソッ ソ
(先月まであそこの韓国料理店で働いてたよ。)

☑ 会話で確認しよう 🔊 400

담배를 한 번도 피운 적이 없어요?
タム ベ ルル ハン ボン ド ピ ウン ジョ ギ オプ ソ ヨ
(タバコを一回も吸ったことないですか？)

사실 작년까지 피웠었어요.
サ シル チャン ニョン ッカ ジ ピ ウォッソッ ソ ヨ
(実は昨年まで吸っていました。)

231

1

무용을 (　　　) 춤선이 예쁘네요.

① 해도
② 했다가
③ 하면서
④ 해서 그런지

2

저기요, 여기 불판 좀 (　　　)?

① 갈아 주시겠어요
② 갈 거예요
③ 갈지요
④ 가는 편이에요

3

매일 30분씩 달렸더니 몸이 (　　　).

① 뚱뚱해져야 해
② 튼튼해졌어요
③ 튼튼해져야 해
④ 뚱뚱해졌어요

4

제시간에 도착하려면 택시를 (　　　).

① 타기만 해요
② 타는 편이야
③ 타야 해
④ 탈 뿐이야

5

앱을 다운 (　　　) 할인을 받을 수 있어요.

① 받으면서
② 받았다가
③ 받아야
④ 받을수록

本書で学習した例文です。文が完成するように、空欄に入る表現を選んでください。解答は p234 をご覧ください。

6

고등학생 때 탁구를 매일 (   ).

① 쳤었어요
② 쳤으면 좋겠어
③ 쳐졌어요
④ 칠까 해요

7

카페에 (   ) 사람이 많아서 나왔어요.

① 들어가도
② 들어갔다가
③ 들어가야
④ 들어가 가지고

8

아빠가 담배를 (   )

① 끊는 건 어때요?
② 끊지 마세요.
③ 끊는 편이에요.
④ 끊었으면 좋겠어요.

9

코로나에 (   ) 1주일 동안 혼났어요.

① 걸려야
② 걸려 가지고
③ 걸리기 때문에
④ 걸리니까

10

고기를 상추에 (   ) 드세요.

① 싸야
② 싸 가지고
③ 싸면서
④ 싸도

復習の解答

DAY 1-10

1	③ (DAY3)	2	① (DAY4)	3	③ (DAY7)	4	① (DAY6)
5	④ (DAY10)	6	③ (DAY9)	7	① (DAY8)	8	② (DAY5)
9	② (DAY1)	10	① (DAY2)				

DAY 11-20

1	① (DAY11)	2	① (DAY13)	3	③ (DAY15)	4	② (DAY17)
5	③ (DAY16)	6	① (DAY19)	7	④ (DAY20)	8	① (DAY18)
9	③ (DAY14)	10	④ (DAY12)				

DAY 21-30

1	③ (DAY30)	2	③ (DAY23)	3	② (DAY25)	4	④ (DAY26)
5	① (DAY27)	6	① (DAY29)	7	② (DAY22)	8	② (DAY21)
9	④ (DAY24)	10	③ (DAY28)				

DAY 31-40

1	④ (DAY31)	2	④ (DAY39)	3	② (DAY32)	4	② (DAY35)
5	③ (DAY38)	6	③ (DAY33)	7	① (DAY34)	8	② (DAY36)
9	③ (DAY40)	10	④ (DAY37)				

DAY 41-50

1	④ (DAY45)	2	③ (DAY46)	3	② (DAY48)	4	① (DAY41)
5	① (DAY50)	6	① (DAY47)	7	③ (DAY42)	8	② (DAY43)
9	② (DAY49)	10	③ (DAY44)				

DAY 51-60

1	④ (DAY51)	2	④ (DAY59)	3	① (DAY60)	4	③ (DAY52)
5	③ (DAY53)	6	② (DAY56)	7	② (DAY57)	8	① (DAY54)
9	④ (DAY58)	10	① (DAY55)				

DAY 61-70

1	① (DAY65)	2	② (DAY64)	3	③ (DAY69)	4	④ (DAY70)
5	③ (DAY61)	6	② (DAY62)	7	① (DAY66)	8	② (DAY67)
9	③ (DAY63)	10	③ (DAY68)				

DAY 71-80

1	① (DAY71)	2	③ (DAY73)	3	① (DAY75)	4	② (DAY77)
5	③ (DAY79)	6	④ (DAY72)	7	③ (DAY74)	8	② (DAY76)
9	① (DAY78)	10	② (DAY80)				

DAY 81-90

1	② (DAY90)	2	② (DAY89)	3	④ (DAY88)	4	④ (DAY87)
5	③ (DAY86)	6	③ (DAY85)	7	① (DAY84)	8	① (DAY83)
9	④ (DAY82)	10	③ (DAY81)				

DAY 91-100

1	④ (DAY91)	2	① (DAY92)	3	② (DAY93)	4	③ (DAY94)
5	③ (DAY95)	6	① (DAY100)	7	② (DAY99)	8	④ (DAY98)
9	② (DAY97)	10	② (DAY96)				

韓国語の文の作り方

より韓国語で話せるようになるために、ここからもっと文法の理解を深めていきましょう! まず、以下が韓国語の文の構成です。

저는　　내일　　한국에　　가요.
チョ ヌン　　ネ イル　　ハン グ ゲ　　カ ヨ
↓　　　　↓　　　　↓　　　　↓
私 は　　　明日　　　韓国 に　　行きます。

POINT 1 韓国語と日本語は語順が同じ

POINT 2 日本語と同様に助詞がある

基本的には単語を、適切な助詞とともに、日本語と同じ順番で並べるだけですが、ここで注目してもらいたいのは、最後の単語 " 行きます " = 「가요」です。日本語も " 行く " という動詞を、" 行きます " " 行くために "" 行かないけど " " 行くから " のように、変換して使いますよね。

韓国語も同様に変換をします。例えば、" 行く " は「가다」です。この基本形を「提案 (〜のはどうですか) の表現 (DAY1)」に変えてみましょう。

1 動詞の基本形から「다」を取るよ。

2 最後の文字のパッチムの有無を問わず「-는 건 어때요?」をつけるよ。

• 가다 ▸▸ 가 ▸▸ 가는 건 어때요?
　カ ダ　　　　カ　　　　ヌン ゴン オッ テ ヨ
　行く　　　　　　　　行くのはどうですか?

これが韓国語での変換の方法です! では、次はどうでしょう。

" 別れるのはどうですか "

作り方を身につけても、" 別れる " という単語を知らなければ変換ができませんよね。ということで、基本的な動詞・形容詞をまとめましたので、ぜひ覚えましょう!

001	ハ ダ **하다** する・やる	011	コク チョン ハ ダ **걱정하다** 心配する
002	チョ ア ハ ダ **좋아하다** 好きだ・好む	012	チュ カ ハ ダ **축하하다** 祝う
003	トゥェ グ ナ ダ **퇴근하다** 退勤する	013	ファン ジョ ナ ダ **환전하다** 両替する
004	ト チャ カ ダ **도착하다** 到着する	014	ファン スン ハ ダ **환승하다** 乗り換える
005	サ ラン ハ ダ **사랑하다** 愛する	015	チュ ム ナ ダ **주문하다** 注文する
006	コン ブ ハ ダ **공부하다** 勉強する	016	チル ム ナ ダ **질문하다** 質問する
007	シ ジャ カ ダ **시작하다** 始める	017	イ ホ ナ ダ **이혼하다** 離婚する
008	イ ジ カ ダ **이직하다** 転職する	018	マ ラ ダ **말하다** 言う・話す
009	シャ ウォ ハ ダ **샤워하다** シャワーを浴びる・お風呂に入る	019	セン ガ カ ダ **생각하다** 考える
010	イェ ヤ カ ダ **예약하다** 予約する	020	ケ サ ナ ダ **계산하다** 会計する・払う

021	일하다 働く・勤める	031	잘하다 上手にする
022	반대하다 反対する	032	선택하다 選択する
023	사용하다 使用する	033	갱신하다 更新する
024	신청하다 申し込む	034	후회하다 後悔する
025	출발하다 出発する	035	가다 行く
026	양보하다 譲る	036	내다 出す・払う
027	포장하다 包装する	037	사다 買う
028	지원하다 エントリーする	038	끝내다 終わらせる・終える
029	선물하다 プレゼントする	039	들어가다 入る・入っていく
030	복습하다 復習する	040	타다 乗る

041	チャ ダ **자다** 寝る	051	ク マン ドゥ ダ **그만두다** やめる・中止する
042	ックン ナ ダ **끝나다** 終わる	052	チ ウ ダ **지우다** 落とす・取る・消す
043	ッサ ダ **싸다** 包む	053	ウェ ウ ダ **외우다** 覚える・暗記する
044	コン ノ ダ **건너다** 渡る	054	ビ ウ ダ **피우다** 吸う
045	ファ ネ ダ **화내다** 怒る	055	ベ ウ ダ **배우다** 学ぶ・習う
046	ホン ナ ダ **혼나다** 怒られる・痛い目にあう	056	チ ウ ダ **치우다** 片付ける
047	バ ラ ダ **바라다** 望む・願う	057	イ ヤ ギ ルル ナ ヌ ダ **이야기를 나누다** 対話する・話し合う
048	ノル ラ ダ **놀라다** 驚く	058	キ ウ ダ **키우다** 育てる・飼う
049	キョ ダ **켜다** 点ける	059	ッサ ウ ダ **싸우다** ケンカする
050	チュ ダ **주다** あげる・くれる	060	バ ムル セ ウ ダ **밤을 새우다** 徹夜する

061	기다리다 キダリダ 待つ	071	올리다 オルリダ 挙げる・上げる
062	다니다 タニダ 通う・勤める	072	떨어지다 ットロジダ 落ちる
063	세우다 セウダ 停める・立てる	073	지다 チダ 負ける
064	생기다 センギダ 起こる・できる	074	이기다 イギダ 勝つ
065	치다 チダ 打つ・(雷など)鳴る	075	걸치다 コルチダ 羽織る
066	헤어지다 ヘオジダ 別れる	076	끓이다 ックリダ 沸かす
067	빌리다 ビルリダ 借りる・貸す	077	어울리다 オウルリダ 似合う
068	살이 찌다 サリ ッチダ 太る	078	그치다 クチダ 止む
069	들리다 トゥルリダ 聞こえる	079	시키다 シキダ させる・注文する
070	걸리다 コルリダ かかる（時間）	080	드리다 トゥリダ 差し上げる

081	**틀리다** トゥルリダ 間違う	091	**잡다** チャプタ つかむ・握る
082	**다치다** タチダ 怪我する	092	**갈다** カルダ 替える
083	**마시다** マシダ 飲む	093	**맞다** マッタ 合う・正しい
084	**앉다** アンタ 座る	094	**받다** パッタ もらう・受ける
085	**놀다** ノルダ 遊ぶ	095	**있다** イッタ いる・ある
086	**팔다** パルダ 売る	096	**웃다** ウッタ 笑う
087	**찾다** チャッタ 探す・(辞書など) 引く・(お金を) 下ろす	097	**먹다** モクタ 食べる
088	**날다** ナルダ 飛ぶ	098	**입다** イプタ 着る
089	**담다** タムタ 入れる・盛る	099	**신다** シンタ 履く
090	**다운 받다** タウンパッタ ダウンロードする	100	**벌다** ポルダ 稼ぐ

101	만들다 マンドゥルダ 作る	111	오다 オダ 来る・降る
102	믿다 ミッタ 信じる	112	보다 ボダ 見る・観る
103	울다 ウルダ 泣く	113	알아보다 アラボダ 調べる
104	씻다 ッシッタ 洗う	114	갔다 오다 カッタ オダ 行ってくる
105	넣다 ノタ 入れる	115	들어오다 トゥロ オダ 入る・入ってくる
106	마음에 들다 マ ウ メ ドゥルダ 気に入る	116	돌보다 トル ボダ 面倒をみる
107	늦다 ヌッタ 遅れる	117	가져오다 カ ジョ オダ 持ってくる
108	나이를 먹다 ナ イ ルル モク タ 年をとる	118	쉬다 スィダ 休む
109	없다 オプ タ いない・ない	119	사귀다 サ グィダ 付き合う
110	찍다 ッチク タ 撮る・(液体などを) つける	120	되다 トゥエ ダ なる

001	ッサルッサ ラ ダ **쌀쌀하다** 肌寒い	011	チ ナ ダ **친하다** 親しい・仲がよい
002	シ ウォ ナ ダ **시원하다** 涼しい・スッキリする	012	ヘン ボ カ ダ **행복하다** 幸せだ
003	ッケ ック タ ダ **깨끗하다** きれいだ・清潔だ	013	ソン シ ラ ダ **성실하다** 誠実だ・真面目だ
004	トゥン トゥ ナ ダ **튼튼하다** 丈夫だ	014	ポク チャ パ ダ **복잡하다** 複雑だ
005	チン ジョ ラ ダ **친절하다** 親切だ	015	イク ス カ ダ **익숙하다** 慣れている
006	チャ カ ダ **착하다** 優しい	016	シ マ ダ **심하다** 酷い
007	トン トン ハ ダ **통통하다** ぷくぷくしている	017	ビ ッサ ダ **비싸다** 高い（値段）
008	コン ガン ハ ダ **건강하다** 健康だ	018	ッサ ダ **싸다** 安い
009	ビ ゴ ナ ダ **피곤하다** 疲れている	019	チャル セン ギ ダ **잘생기다** ハンサムだ・格好いい
010	シム シ マ ダ **심심하다** 退屈だ	020	クィ チャン タ **귀찮다** 面倒だ

021	**많다** マン タ 多い	031	**멀다** モル ダ 遠い
022	**높다** ノプ タ 高い（値段以外）	032	**재미있다** チェ ミ イッ タ 面白い
023	**같다** カッ タ 同じだ	033	**적다** チョク タ 少ない
024	**짧다** ッチャル タ 短い	034	**젊다** チョム タ 若い
025	**달다** タル ダ 甘い	035	**길다** キル ダ 長い
026	**좋다** チョ タ いい	036	**늦다** ヌッ タ 遅い
027	**작다** チャク タ 小さい	037	**넓다** ノル タ 広い
028	**괜찮다** クェンチャン タ 大丈夫だ	038	**싫다** シル タ 嫌だ・嫌いだ
029	**맛있다** マ シッタ 美味しい	039	**멋없다** モ ドプ タ 格好悪い
030	**힘들다** ヒム ドゥル ダ 大変だ・疲れる	040	**맛없다** マ ドプ タ まずい・美味しくない

243

041	**재미없다** チェ ミ オプ タ 面白くない	051	**쓰다** ッス ダ 苦い
042	**멋있다** モ シッ タ 格好いい	052	**예쁘다** イェップ ダ 可愛い・きれいだ
043	**배고프다** ベ ゴ プ ダ お腹が空く	053	**맵다** メプ タ 辛い
044	**기쁘다** キ ップ ダ 嬉しい	054	**싱겁다** シン ゴプ タ 味が薄い
045	**아프다** ア プ ダ 痛い	055	**슬프다** スル プ ダ 悲しい
046	**바쁘다** パ ップ ダ 忙しい	056	**무겁다** ム ゴプ タ 重い
047	**덥다** トプ タ 暑い	057	**무섭다** ム ソプ タ 怖い
048	**시끄럽다** シ ック ロプ タ うるさい	058	**춥다** チュプ タ 寒い
049	**가깝다** カ ッカプ タ 近い	059	**쉽다** スイプ タ 容易だ・簡単だ
050	**크다** ク ダ 大きい	060	**가볍다** カ ビョプ タ 軽い

요体の作り方

요体は日本語の「〜です・〜ます」に相当します。色々な表現を作るためにも、요体の作り方を覚える必要があります。요体を知らないと、요体から作らないといけない文法は作ることができません。

例として、「許可（〜てもいいですか）の表現（DAY87）」を作ってみましょう！

基本形	요体	요を取る	文法を後につけて完成！

먹다 ▸▸ 먹어요 ▸▸ 먹어 ▸▸ 먹어도 돼요?
（食べる） （食べてもいいですか？）

これを、요体を知らずに作ろうとすると…

基本形		다を取る	完成しない！

먹다 (食べる) ▸▸ 먹 ▸▸ 먹도 돼요? ✕

ですので、様々な表現をするために요体の作り方を学習しなければいけません。もちろん、基本形から作れる文法もありますが、요体から作る場合も多いです。

次のページからパターン別に요体を分けて紹介しています。始めは難しく感じるかもしれませんが、少しずつ勉強すれば自然と身につきます。

POINT 動詞・形容詞を「〜です・〜ます」という丁寧な表現にするためには2つの方法があります。

①요体に変換　　例：가다(行く) ▸▸ 가요(行きます)

먹다(食べる) ▸▸ 먹어요(食べます)

②ㅂ / 습니다体に変換　例：가다(行く) ▸▸ 갑니다(行きます)

먹다(食べる) ▸▸ 먹습니다(食べます)

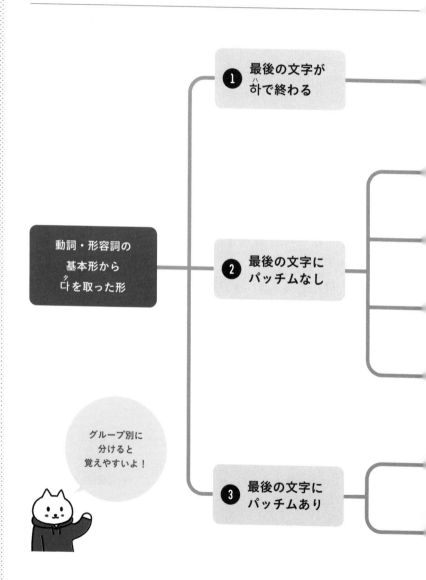

動詞・形容詞の
基本形から
다を取った形

1 最後の文字が
하で終わる

2 最後の文字に
パッチムなし

3 最後の文字に
パッチムあり

グループ別に
分けると
覚えやすいよ！

ヘ ヨ
해요にするだけ

例 | ハ ダ → ヘ ヨ
하다 → 해요 （します）

---

①-1 最後の文字の母音
ㅏ, ㅓ, ㅐ, ㅔ, ㅖ

そのまま요を
つける

例 | カ ダ → カ ヨ
가다 → 가요 （行きます）
ネ ダ → ネ ヨ
내다 → 내요 （出します）

---

①-2 ㅜ

ウォ ヨ
ㅝ요の形になる

例 | ク マンドゥ ダ → ク マンドゥォ ヨ
그만두다 → 그만둬요 （やめます）

---

①-3 ㅣ

ヨ ヨ
ㅕ요の形になる

例 | マ シ ダ → マ ショ ヨ
마시다 → 마셔요 （飲みます）

---

②-4 ㅗ

ワ ヨ
ㅘ요の形になる

例 | オ ダ → ワ ヨ
오다 → 와요 （来ます）

---

③-1 最後の文字の母音
ㅏ, ㅗ

ア ヨ
아요をつける

例 | アン タ → アンジャ ヨ
앉다 → 앉아요 （座ります）
ル ダ → ノ ラ ヨ
놀다 → 놀아요 （遊びます）

---

③-2 ㅏ, ㅗ 以外

オ ヨ
어요をつける

例 | イッ タ → イッ ソ ヨ
있다 → 있어요 （います・あります）
ウッ タ → ウ ソ ヨ
웃다 → 웃어요 （笑います）

🔊 406

요체의 변환

1

POINT 最後が「하다」で終わる場合、「해요」にするだけ

001	하다 する・やる	▶▶	해요 します・やります
002	좋아하다 好きだ・好む	▶▶	좋아해요 好きです・好みます
003	퇴근하다 退勤する	▶▶	퇴근해요 退勤します
004	도착하다 到着する	▶▶	도착해요 到着します
005	사랑하다 愛する	▶▶	사랑해요 愛します
006	걱정하다 心配する	▶▶	걱정해요 心配します
007	쌀쌀하다 肌寒い	▶▶	쌀쌀해요 肌寒いです
008	시원하다 涼しい・スッキリする	▶▶	시원해요 涼しいです・スッキリします
009	깨끗하다 きれいだ・清潔だ	▶▶	깨끗해요 きれいです・清潔です
010	튼튼하다 丈夫だ	▶▶	튼튼해요 丈夫です
011	친절하다 親切だ	▶▶	친절해요 親切です
012	착하다 優しい	▶▶	착해요 優しいです

POINT 最後の文字にパッチムがなくて、「ㅏ, ㅓ, ㅐ, ㅔ, ㅕ」 の場合、そのまま「요」をつける

001	가다 行く	▶▶	가요 行きます
002	사다 買う	▶▶	사요 買います
003	싸다 安い	▶▶	싸요 安いです
004	건너다 渡る	▶▶	건너요 渡ります
005	일어서다 立ち上がる	▶▶	일어서요 立ち上がります
006	보내다 送る	▶▶	보내요 送ります
007	화내다 怒る	▶▶	화내요 怒ります
008	끝내다 終わらせる・終える	▶▶	끝내요 終わらせます・終えます
009	건네다 渡す	▶▶	건네요 渡します
010	메다 背負う・担ぐ	▶▶	메요 背負います・担ぎます
011	켜다 点ける	▶▶	켜요 点けます
012	펴다 広げる	▶▶	펴요 広げます

POINT 最後の文字にパッチムがなくて、「ㅜ」の場合、
「ㅝ요」 の形になる

| 001 | <ruby>그<rt>ク</rt></ruby><ruby>만<rt>マン</rt></ruby><ruby>두<rt>ドゥ</rt></ruby><ruby>다<rt>ダ</rt></ruby> やめる | ▶▶ | <ruby>그<rt>ク</rt></ruby><ruby>만<rt>マン</rt></ruby><ruby>둬<rt>ドゥォ</rt></ruby><ruby>요<rt>ヨ</rt></ruby> やめます |

| 002 | <ruby>지<rt>チ</rt></ruby><ruby>우<rt>ウ</rt></ruby><ruby>다<rt>ダ</rt></ruby> 落とす・消す | ▶▶ | <ruby>지<rt>チ</rt></ruby><ruby>워<rt>ウォ</rt></ruby><ruby>요<rt>ヨ</rt></ruby> 落とします・消します |

| 003 | <ruby>외<rt>ウェ</rt></ruby><ruby>우<rt>ウ</rt></ruby><ruby>다<rt>ダ</rt></ruby> 覚える・暗記する | ▶▶ | <ruby>외<rt>ウェ</rt></ruby><ruby>워<rt>ウォ</rt></ruby><ruby>요<rt>ヨ</rt></ruby> 覚えます・暗記します |

| 004 | <ruby>피<rt>ピ</rt></ruby><ruby>우<rt>ウ</rt></ruby><ruby>다<rt>ダ</rt></ruby> 吸う | ▶▶ | <ruby>피<rt>ピ</rt></ruby><ruby>워<rt>ウォ</rt></ruby><ruby>요<rt>ヨ</rt></ruby> 吸います |

| 005 | <ruby>배<rt>ベ</rt></ruby><ruby>우<rt>ウ</rt></ruby><ruby>다<rt>ダ</rt></ruby> 学ぶ | ▶▶ | <ruby>배<rt>ベ</rt></ruby><ruby>워<rt>ウォ</rt></ruby><ruby>요<rt>ヨ</rt></ruby> 学びます |

| 006 | <ruby>치<rt>チ</rt></ruby><ruby>우<rt>ウ</rt></ruby><ruby>다<rt>ダ</rt></ruby> 片付ける | ▶▶ | <ruby>치<rt>チ</rt></ruby><ruby>워<rt>ウォ</rt></ruby><ruby>요<rt>ヨ</rt></ruby> 片付けます |

| 007 | <ruby>이<rt>イ</rt></ruby><ruby>야<rt>ヤ</rt></ruby><ruby>기<rt>ギ</rt></ruby><ruby>를<rt>ルル</rt></ruby> <ruby>나<rt>ナ</rt></ruby><ruby>누<rt>ヌ</rt></ruby><ruby>다<rt>ダ</rt></ruby> 対話する・話し合う | ▶▶ | <ruby>이<rt>イ</rt></ruby><ruby>야<rt>ヤ</rt></ruby><ruby>기<rt>ギ</rt></ruby><ruby>를<rt>ルル</rt></ruby> <ruby>나<rt>ナ</rt></ruby><ruby>눠<rt>ヌォ</rt></ruby><ruby>요<rt>ヨ</rt></ruby> 対話します・話し合います |

| 008 | <ruby>키<rt>キ</rt></ruby><ruby>우<rt>ウ</rt></ruby><ruby>다<rt>ダ</rt></ruby> 育てる・飼う | ▶▶ | <ruby>키<rt>キ</rt></ruby><ruby>워<rt>ウォ</rt></ruby><ruby>요<rt>ヨ</rt></ruby> 育てます・飼います |

| 009 | <ruby>싸<rt>ッサ</rt></ruby><ruby>우<rt>ウ</rt></ruby><ruby>다<rt>ダ</rt></ruby> ケンカする | ▶▶ | <ruby>싸<rt>ッサ</rt></ruby><ruby>워<rt>ウォ</rt></ruby><ruby>요<rt>ヨ</rt></ruby> ケンカします |

| 010 | <ruby>비<rt>ピ</rt></ruby><ruby>우<rt>ウ</rt></ruby><ruby>다<rt>ダ</rt></ruby> 空ける | ▶▶ | <ruby>비<rt>ピ</rt></ruby><ruby>워<rt>ウォ</rt></ruby><ruby>요<rt>ヨ</rt></ruby> 空けます |

| 011 | <ruby>주<rt>チュ</rt></ruby><ruby>다<rt>ダ</rt></ruby> あげる・くれる | ▶▶ | <ruby>줘<rt>チュォ</rt></ruby><ruby>요<rt>ヨ</rt></ruby> あげます・くれます |

| 012 | <ruby>세<rt>セ</rt></ruby><ruby>우<rt>ウ</rt></ruby><ruby>다<rt>ダ</rt></ruby> 停める・立てる | ▶▶ | <ruby>세<rt>セ</rt></ruby><ruby>워<rt>ウォ</rt></ruby><ruby>요<rt>ヨ</rt></ruby> 停めます・立てます |

POINT 最後の文字にパッチムがなくて、「丨」の場合、
「ᅧ요」 の形になる

001	기다리다 待つ	▸▸	기다려요 待ちます
002	다니다 通う・勤める	▸▸	다녀요 通います・勤めます
003	흐리다 曇る	▸▸	흐려요 曇っています
004	생기다 起こる・できる	▸▸	생겨요 起こります・できます
005	헤어지다 別れる	▸▸	헤어져요 別れます
006	빌리다 借りる・貸す	▸▸	빌려요 借ります・貸します
007	살이 찌다 太る	▸▸	살이 쪄요 太ります
008	들리다 聞こえる	▸▸	들려요 聞こえます
009	걸리다 かかる（時間）	▸▸	걸려요 かかります（時間）
010	드리다 差し上げる	▸▸	드려요 差し上げます
011	다치다 怪我する	▸▸	다쳐요 怪我します
012	잘생기다 ハンサムだ・格好いい	※잘생기다は現在形としては使わず、過去形として使います（p257 参照）	

POINT　最後の文字にパッチムがあって、「ㅏ,ㅗ」の場合、
「**아요**」をつける

001	<ruby>앉다<rt>アンタ</rt></ruby> 座る	▶▶ <ruby>앉아요<rt>アンジャヨ</rt></ruby> 座ります
002	<ruby>많다<rt>マンタ</rt></ruby> 多い	▶▶ <ruby>많아요<rt>マナヨ</rt></ruby> 多いです
003	<ruby>팔다<rt>バルダ</rt></ruby> 売る	▶▶ <ruby>팔아요<rt>バラヨ</rt></ruby> 売ります
004	<ruby>날다<rt>ナルダ</rt></ruby> 飛ぶ	▶▶ <ruby>날아요<rt>ナラヨ</rt></ruby> 飛びます
005	<ruby>갈다<rt>カルダ</rt></ruby> 替える	▶▶ <ruby>갈아요<rt>カラヨ</rt></ruby> 替えます
006	<ruby>맞다<rt>マッタ</rt></ruby> 合う	▶▶ <ruby>맞아요<rt>マジャヨ</rt></ruby> 合っています
007	<ruby>꽂다<rt>ツコッタ</rt></ruby> 差す	▶▶ <ruby>꽂아요<rt>ツコジャヨ</rt></ruby> 差します
008	<ruby>볶다<rt>ポクッタ</rt></ruby> 炒める	▶▶ <ruby>볶아요<rt>ポクカヨ</rt></ruby> 炒めます
009	<ruby>놀다<rt>ノルタ</rt></ruby> 遊ぶ	▶▶ <ruby>놀아요<rt>ノラヨ</rt></ruby> 遊びます
010	<ruby>높다<rt>ノプタ</rt></ruby> 高い（値段以外）	▶▶ <ruby>높아요<rt>ノパヨ</rt></ruby> 高いです（値段以外）
011	<ruby>좁다<rt>チョプタ</rt></ruby> 狭い	▶▶ <ruby>좁아요<rt>チョバヨ</rt></ruby> 狭いです
012	<ruby>좋다<rt>チョタ</rt></ruby> いい	▶▶ <ruby>좋아요<rt>チョアヨ</rt></ruby> いいです

POINT 最後の文字にパッチムがあって、「ㅏ,ㅗ」以外の場合、
「어요」をつける

001	있다 _{イッタ} いる・ある	▶▶	있어요 _{イッソヨ} います・あります
002	웃다 _{ウッタ} 笑う	▶▶	웃어요 _{ウソヨ} 笑います
003	먹다 _{モクタ} 食べる	▶▶	먹어요 _{モゴヨ} 食べます
004	입다 _{イプタ} 着る	▶▶	입어요 _{イポヨ} 着ます
005	신다 _{シンタ} 履く	▶▶	신어요 _{シノヨ} 履きます
006	벌다 _{ポルダ} 稼ぐ	▶▶	벌어요 _{ポロヨ} 稼ぎます
007	마음에 들다 _{マウメドゥルダ} 気に入る	▶▶	마음에 들어요 _{マウメドゥロヨ} 気に入ります
008	맛있다 _{マシッタ} 美味しい	▶▶	맛있어요 _{マシッソヨ} 美味しいです
009	힘들다 _{ヒムドゥルダ} 大変だ・疲れる	▶▶	힘들어요 _{ヒムドゥロヨ} 大変です・疲れます
010	늦다 _{ヌッタ} 遅れる・遅い	▶▶	늦어요 _{ヌジョヨ} 遅れます・遅いです
011	넓다 _{ノルタ} 広い	▶▶	넓어요 _{ノルボヨ} 広いです
012	멋있다 _{モシッタ} 格好いい	▶▶	멋있어요 _{モシッソヨ} 格好いいです

POINT 最後の文字がパッチムがなくて、「ㅗ」の場合、
「ㅘ요」 の形になる

001	오다 来る・降る	▶▶	와요 来ます・降ります

002	보다 見る・観る	▶▶	봐요 見ます・観ます

003	알아보다 調べる	▶▶	알아봐요 調べます

004	갔다 오다 行ってくる	▶▶	갔다 와요 行ってきます

005	들어오다 入る・入ってくる	▶▶	들어와요 入ります・入ってきます

006	쏘다 奢る	▶▶	싸요 奢ります

007	꼬다 ひねる・(足を) 組む	▶▶	꽈요 ひねります・(足を) 組みます

POINT 特殊なものとして覚えよう！

001	쉬다 休む	▶▶	쉬어요 休みます

002	사귀다 付き合う	▶▶	사귀어요 付き合います

003	되다 なる	▶▶	돼요 なります

004	名詞+-(이)다 ～だ	▶▶	パッチムあり 이에요 パッチムなし 예요 ～です・～ます

過去形の作り方

　ここまで読んだ皆さんは過去形を作る力を持っています。요体が理解できたら、過去形はすぐに作れます！　早速ですが、가다（行く）の요体は？　…가요（行きます）ですよね。すぐに出てこなかった方は、요体の作り方のページ（p245）を読み返してください！　요体を作ることができたら、その後はルールが決まっているので簡単です。

❶ 基本形を「요体」に変換

❷ 「요」を取って「-ㅆ다」をつける

- 가다（行く）▶▶ 가요（行きます）▶▶ 갔다（行った）
- 먹다（食べる）▶▶ 먹어요（食べます）▶▶ 먹었다（食べた）

　갔다は過去形の基本形なので、今度は丁寧な形に変えてみましょう。私たちはすでに、「〜です・〜ます」の形を作ることができますよね。そうです、요体です。過去形の요体は、作り方が１パターンなので難しくありません。

❶ 過去形の基本形から「다」を取る

❷ 「-어요」をつける

- 갔~~다~~（行った）▶▶ 갔 ▶▶ 갔어요（行きました）
- 먹었~~다~~（食べた）▶▶ 먹었 ▶▶ 먹었어요（食べました）

過去形の変換

	基本形	요体	過去形の基本形	過去形の요体
001	ハ　ダ **하다** する・やる	▶▶	ヘ　ヨ **해요** します・やります	▶▶	ヘッタ **했다** した・やった	▶▶	ヘッソ　ヨ **했어요** しました・やりました

| 002 | チョア　ハ　ダ
좋아하다
好きだ・好む | ▶▶ | チョア　ヘ　ヨ
좋아해요
好きです・好みます | ▶▶ | チョア　ヘッタ
좋아했다
好きだった・好みだった | ▶▶ | チョア　ヘッソ　ヨ
좋아했어요
好きでした・好みました |

| 003 | トゥェ　グ　ナ　ダ
퇴근하다
退勤する | ▶▶ | トゥェ　グ　ネ　ヨ
퇴근해요
退勤します | ▶▶ | トゥェ　グ　ネッタ
퇴근했다
退勤した | ▶▶ | トゥェ　グ　ネッソ　ヨ
퇴근했어요
退勤しました |

| 004 | チンジョラ　ダ
친절하다
親切だ | ▶▶ | チンジョレ　ヨ
친절해요
親切です | ▶▶ | チンジョレッタ
친절했다
親切だった | ▶▶ | チンジョレッソ　ヨ
친절했어요
親切でした |

| 005 | チャカ　ダ
착하다
優しい | ▶▶ | チャケ　ヨ
착해요
優しいです | ▶▶ | チャケッタ
착했다
優しかった | ▶▶ | チャケッソ　ヨ
착했어요
優しかったです |

| 006 | カ　ダ
가다
行く | ▶▶ | カ　ヨ
가요
行きます | ▶▶ | カッタ
갔다
行った | ▶▶ | カッソ　ヨ
갔어요
行きました |

| 007 | メ　ダ
메다
背負う・担ぐ | ▶▶ | メ　ヨ
메요
背負います・担ぎます | ▶▶ | メッタ
멨다
背負った・担いだ | ▶▶ | メッソ　ヨ
멨어요
背負いました・担ぎました |

| 008 | キョ　ダ
켜다
点ける | ▶▶ | キョ　ヨ
켜요
点けます | ▶▶ | キョッ　タ
켰다
点けた | ▶▶ | キョッ　ソ　ヨ
켰어요
点けました |

| 009 | ピョ　ダ
펴다
広げる | ▶▶ | ピョ　ヨ
펴요
広げます | ▶▶ | ピョッ　タ
폈다
広げた | ▶▶ | ピョッ　ソ　ヨ
폈어요
広げました |

| 010 | コンノ　ダ
건너다
渡る | ▶▶ | コンノ　ヨ
건너요
渡ります | ▶▶ | コンノッタ
건넜다
渡った | ▶▶ | コンノッソ　ヨ
건넜어요
渡りました |

	基本形	요体	過去形の基本形	過去形の요体
011	**그만두다** クマンドゥダ やめる	▶▶ **그만둬요** クマンドゥォ ヨ やめます	▶▶ **그만뒀다** ク マンドゥォッタ やめた	▶▶ **그만뒀어요** ク マンドゥォッソ ヨ やめました
012	**지우다** チ ウ ダ 落とす・取る	▶▶ **지워요** チ ウォ ヨ 落とします・取ります	▶▶ **지웠다** チ ウォッ タ 落とした・取った	▶▶ **지웠어요** チ ウォッ ソ ヨ 落としました・取りました
013	**외우다** ウェ ウ ダ 覚える・暗記する	▶▶ **외워요** ウェ ウォ ヨ 覚えます・暗記します	▶▶ **외웠다** ウェ ウォッ タ 覚えた・暗記した	▶▶ **외웠어요** ウェ ウォッ ソ ヨ 覚えました・暗記しました
014	**비우다** ビ ウ ダ 空ける	▶▶ **비워요** ビ ウォ ヨ 空けます	▶▶ **비웠다** ビ ウォッ タ 空けた	▶▶ **비웠어요** ビ ウォッ ソ ヨ 空けました
015	**주다** チュ ダ あげる・くれる	▶▶ **줘요** チュォ ヨ あげます・くれます	▶▶ **줬다** チュォッ タ あげた・くれた	▶▶ **줬어요** チュォッ ソ ヨ あげました・くれました
016	**기다리다** キ ダ リ ダ 待つ	▶▶ **기다려요** キ ダ リョ ヨ 待ちます	▶▶ **기다렸다** キ ダ リョッ タ 待った	▶▶ **기다렸어요** キ ダ リョッ ソ ヨ 待ちました
017	**다니다** タ ニ ダ 通う・勤める	▶▶ **다녀요** タ ニョ ヨ 通います・勤めます	▶▶ **다녔다** タ ニョッ タ 通った・勤めた	▶▶ **다녔어요** タ ニョッ ソ ヨ 通いました・勤めました
018	**흐리다** フ リ ダ 曇る	▶▶ **흐려요** フ リョ ヨ 曇っています	▶▶ **흐렸다** フ リョッ タ 曇っていた	▶▶ **흐렸어요** フ リョッ ソ ヨ 曇っていました
019	**다치다** タ チ ダ 怪我する	▶▶ **다쳐요** タ チョ ヨ 怪我します	▶▶ **다쳤다** タ チョッ タ 怪我した	▶▶ **다쳤어요** タ チョッ ソ ヨ 怪我しました
020	**잘생기다** チャルセン ギ ダ ハンサムだ・格好いい	▶▶	**잘생겼다** チャルセンギョッ タ ハンサムだった・格好よかった	▶▶ **잘생겼어요** チャルセンギョッ ソ ヨ ハンサムでした・格好よかったです

	基本形	요体	過去形の基本形	過去形の요体
021	アン タ **앉다** 座る	アンジャ ヨ **앉아요** 座ります	アンジャッ タ **앉았다** 座った	アンジャッ ソ ヨ **앉았어요** 座りました
022	ノル ダ **놀다** 遊ぶ	ノ ラ ヨ **놀아요** 遊びます	ノ ラッ タ **놀았다** 遊んだ	ノ ラッ ソ ヨ **놀았어요** 遊びました
023	パル ダ **팔다** 売る	パ ラ ヨ **팔아요** 売ります	パ ラッ タ **팔았다** 売った	パ ラッ ソ ヨ **팔았어요** 売りました
024	カッ タ **같다** 同じだ	カ タ ヨ **같아요** 同じです	カ タッ タ **같았다** 同じだった	カ タッ ソ ヨ **같았어요** 同じでした
025	チョ タ **좋다** いい	チョ ア ヨ **좋아요** いいです	チョアッ タ **좋았다** よかった	チョアッ ソ ヨ **좋았어요** よかったです
026	イッ タ **있다** いる・ある	イッ ソ ヨ **있어요** います・あります	イッソッ タ **있었다** いた・あった	イッソッ ソ ヨ **있었어요** いました・ありました
027	ウッ タ **웃다** 笑う	ウ ソ ヨ **웃어요** 笑います	ウ ソッ タ **웃었다** 笑った	ウ ソッ ソ ヨ **웃었어요** 笑いました
028	モク タ **먹다** 食べる	モ ゴ ヨ **먹어요** 食べます	モ ゴッ タ **먹었다** 食べた	モ ゴッ ソ ヨ **먹었어요** 食べました
029	ノル タ **넓다** 広い	ノル ポ ヨ **넓어요** 広いです	ノルポッ タ **넓었다** 広かった	ノルポッ ソ ヨ **넓었어요** 広かったです
030	モ シッ タ **멋있다** 格好いい	モ シッ ソ ヨ **멋있어요** 格好いいです	モ シッソッ タ **멋있었다** 格好よかった	モ シッソッ ソ ヨ **멋있었어요** 格好よかったです

	基本形	ヨ体	過去形の基本形	過去形のヨ体
031	オ ダ **오다** 来る	▶▶	ワ ヨ **와요** 来ます	▶▶	ワッタ **왔다** 来た	▶▶	ワッソ ヨ **왔어요** 来ました
032	ポ ダ **보다** 見る・観る	▶▶	プァ ヨ **봐요** 見ます・観ます	▶▶	プァッ タ **봤다** 見た・観た	▶▶	プァッ ソ ヨ **봤어요** 見ました・観ました
033	ア ラ ボ ダ **알아보다** 調べる	▶▶	ア ラ プァ ヨ **알아봐요** 調べます	▶▶	ア ラ プァッタ **알아봤다** 調べた	▶▶	ア ラ プァッ ソ ヨ **알아봤어요** 調べました
034	トル ポ ダ **돌보다** 面倒をみる	▶▶	トルプァ ヨ **돌봐요** 面倒をみます	▶▶	トルプァッ タ **돌봤다** 面倒をみた	▶▶	トルプァッ ソ ヨ **돌봤어요** 面倒をみました
035	カ ジョオ ダ **가져오다** 持ってくる	▶▶	カ ジョワ ヨ **가져와요** 持ってきます	▶▶	カ ジョワッタ **가져왔다** 持ってきた	▶▶	カ ジョワッ ソ ヨ **가져왔어요** 持ってきました
036	スィ ダ **쉬다** 休む	▶▶	スィ オ ヨ **쉬어요** 休みます	▶▶	スィオッタ **쉬었다** 休んだ	▶▶	スィオッ ソ ヨ **쉬었어요** 休みました
037	サ グィ ダ **사귀다** 付き合う	▶▶	サ グィ オ ヨ **사귀어요** 付き合います	▶▶	サ グィオッタ **사귀었다** 付き合った	▶▶	サ グィオッ ソ ヨ **사귀었어요** 付き合いました
038	トゥエ ダ **되다** なる	▶▶	トゥエ ヨ **돼요** なります	▶▶	トゥエッ タ **됐다** なった	▶▶	トゥエッ ソ ヨ **됐어요** なりました
039	ハクセンイ ダ **학생이다** 学生だ	▶▶	ハクセンイ エ ヨ **학생이에요** 学生です	▶▶	ハクセンイ オッタ **학생이었다** 学生だった	▶▶	ハクセンイ オッソ ヨ **학생이었어요** 学生でした
040	チング ダ **친구다** 友達だ	▶▶	チング エ ヨ **친구예요** 友達です	▶▶	チング ヨッタ **친구였다** 友達だった	▶▶	チング ヨッソ ヨ **친구였어요** 友達でした

🔊 415

不規則とは

　基本形とヨ体を勉強してきた皆さん、本当にお疲れ様でした。私の経験上、韓国語を勉強する方の中で、10人の内8〜9人はヨ体で挫折してしまうことが多いです。ここまでクリアしてきた皆さんは、10％の中に入ったということです！

　最後にラスボスが残っています。その名は「不規則」です。

　まず、「不規則」というラスボスの様子を見てみましょう。例として、듣다（聞く）の基本形を、「意思・約束・決意（〜です・〜ます）の表現（DAY60）」に変えてみましょう。

① 基本形から「다」を取る

② 最後の文字にパッチムがある場合「-을게요」をつける

듣다 （聞く） ▸▸ 듣 ▸▸ 듣을게요 ✕

　上記は実は間違っています。「다」を取ると、最後の文字に「ㄷ」パッチムがありますよね。この「ㄷ」パッチムは、「ㄹ」に変わるというルールがあります。ですので、正解は「들을게요」です。

듣다 （聞く） ▸▸ 듣 ▸▸ 듣을게요 ▸▸ 들을게요 （聞きます）

걷다 （歩く） ▸▸ 걷 ▸▸ 걷을게요 ▸▸ 걸을게요 （歩きます）

　このように、最後の文字にあるパッチムによって文法のルールやヨ体の変換が変わるのが、「不規則」というラスボスです。単語を覚えて文法の作り方まで暗記したとしても、「不規則」を理解できていなければ正しい韓国語を作れません。

　ここまで、10％の中に入った皆さんであれば、ラスボスも倒すことができるはずです！　最初から一気に倒すことは難しくても、最初は足！　その次は腕！　のように1つ1つやっつけていきましょう。

不規則「ㅂ」^{ビウプ}

動詞・形容詞の基本形から「다」^タを取って、最後の文字に「ㅂ」^{ビウプ}のパッチムがあるときは以下に注意！

注意1 「으」^ウから始まる文法と組み合わせる場合

例：-니까/으니까（DAY59）、-면/으면（DAY71）など

1 基本形から「다」を取って、変換させたい文法をつける

2 パッチム「ㅂ」が脱落し、「으」が「우」に変わる

ㅂ不規則 덥<s>다</s>^{トプ タ}（暑い） ▸▸ 덥^{トプ} ▸▸ 덥으니까^{トブ ウ ニッカ} ▸▸ 더우니까^{ト ウ ニッカ}（暑いから）

規則の場合 작<s>다</s>^{チャク タ}（小さい） ▸▸ 작^{チャク} ▸▸ 작으니까^{チャ グ ニッカ}（小さいから）

注意2 요体^ヨの場合

1 基本形から「다」を取って、パッチム「ㅂ」が脱落

2 「-워요」をつける

춥<s>다</s>^{チュプ タ}（寒い） ▸▸ 추^{チュ} ▸▸ 추워요^{チュ ウォ ヨ}（寒いです）

밉<s>다</s>^{ミプ タ}（憎い） ▸▸ 미^ミ ▸▸ 미워요^{ミ ウォ ヨ}（憎いです）

	-면/으면 （DAY71） （〜たら・〜と）	-니까/으니까 （DAY59） （〜たら・〜から）	요体 （〜です・〜ます）
不規則活用 눕다^{ヌプ タ}（横になる）	누우면^{ヌ ウ ミョン}	누우니까^{ヌ ウ ニッカ}	누워요^{ヌ ウォ ヨ}
굽다^{クプ タ}（焼く）	구우면^{ク ウ ミョン}	구우니까^{ク ウ ニッカ}	구워요^{ク ウォ ヨ}
맵다^{メプ タ}（辛い）	매우면^{メ ウ ミョン}	매우니까^{メ ウ ニッカ}	매워요^{メ ウォ ヨ}
例外（※） 좁다^{チョプ タ}（狭い）	좁으면^{チョ ブ ミョン}	좁으니까^{チョ ブ ニッカ}	좁아요^{チョ バ ヨ}

※パッチムが「ㅂ」だが、規則通りに変化する例外の単語：좁다（狭い）、입다（着る）、잡다（つかむ・握る）など
※돕다（手伝う・助ける）の요体は「도와요」、곱다（美しい）の요体は「고와요」になる

不規則「ㄷ」

動詞から「다」を取って、最後の文字に「ㄷ」^{ティグッ}のパッチムがあるときは以下に注意！

 「으」から始まる文法と組み合わせる場合

例：-ㄹ래요/을래요?（DAY62）、-면/으면（DAY71）など

1 基本形から「다」を取って、変換させたい文法をつける

2 パッチム「ㄷ」が「ㄹ」に変わる

ㄷ不規則　걷<del>다</del>（歩く） コッタ ▸▸ 걷 コッ ▸▸ 걸으면 コ ドゥ ミョン ▸▸ 걸으면 コル ミョン（歩いたら）

規則の場合　먹<del>다</del>（食べる）モクタ ▸▸ 먹 モク ▸▸ 먹으면（食べたら）モ グ ミョン

 요体の場合

1 基本形から「다」を取って、「ㄷ」が「ㄹ」に変わる

2 「-어요」をつける

걷<del>다</del>（歩く）コッタ ▸▸ 걸 コル ▸▸ 걸어요（歩きます）コ ロ ヨ

싣<del>다</del>（積む）シッタ ▸▸ 실 シル ▸▸ 실어요（積みます）シ ロ ヨ

		-면/으면 (DAY71) （〜たら・〜と）	-ㄹ래요?/을래요? (DAY62) （〜ですか・〜ますか）	요体 （〜です・〜ます）
不規則 活用	듣다（聞く）トゥッタ	들으면 トゥル ミョン	들을래요? トゥル ル レ ヨ	들어요 トゥ ロ ヨ
	걷다（歩く）コッタ	걸으면 コル ミョン	걸을래요? コル ル レ ヨ	걸어요 コ ロ ヨ
	묻다（尋ねる）ムッタ	물으면 ムル ミョン	물을래요? ムル ル レ ヨ	물어요 ム ロ ヨ
例外(※)	닫다（閉める）タッタ	닫으면 タ ドゥ ミョン	닫을래요? タ ドゥル レ ヨ	닫아요 タ ダ ヨ

※パッチムが「ㄷ」だが、規則通りに変化する例外の単語：닫다（閉める）、믿다（信じる）、얻다（得る）など

不規則「人」_{シオッ}

動詞・形容詞から「タ」を取って、最後の文字に「人」_{シオッ}のパッチムがあるときは以下に注意！

注意1 「으」_ウから始まる文法と組み合わせる場合

例：-려고/으려고（DAY68）、-ㄹ/을테니까（DAY75）など

1 基本形から「다」を取って、変換させたい文法をつける

2 パッチム「人」が脱落

 人不規則

짓_{チッ}다_タ（建てる） ▶▶ 짓_{チッ} ▶▶ 지을 테니까_{チ スル テ ニ ッカ} ▶▶ 지을 테니까_{チ ウル テ ニ ッカ}（建てるから）

規則の場合 먹_{モク}다_タ（食べる） ▶▶ 먹_{モク} ▶▶ 먹을 테니까_{モ グル テ ニ ッカ}（食べるから）

注意2 요体_ヨの場合

1 基本形から「다」を取って、パッチム「人」が脱落

2 「-아요」や「-어요」をつける

낫_{ナッ}다_タ（治る） ▶▶ 나_ナ ▶▶ 나아요_{ナ ア ヨ}（治ります）

짓_{チッ}다_タ（建てる） ▶▶ 지_チ ▶▶ 지어요_{チ オ ヨ}（建てます）

		-려고/으려고 (DAY68) （～ようと・～ために）	-ㄹ/을 테니까 (DAY75) （～から・～だろうから）	요体 （～です・～ます）
不規則 活用	짓_{チッ}다（建てる）	지으려고_{チ ウ リョ ゴ}	지을 테니까_{チ ウル テ ニ ッカ}	지어요_{チ オ ヨ}
	긋_{クッ}다（引く）	그으려고_{ク ウ リョ ゴ}	그을 테니까_{ク ウル テ ニ ッカ}	그어요_{ク オ ヨ}
	낫_{ナッ}다（治る）	나으려고_{ナ ウ リョ ゴ}	나을 테니까_{ナ ウル テ ニ ッカ}	나아요_{ナ ア ヨ}
例外（※）	씻_{ッシッ}다（洗う）	씻으려고_{ッシ ウ リョ ゴ}	씻을 테니까_{ッシ スル テ ニ ッカ}	씻어요_{ッシ ソ ヨ}

※パッチムが「人」だが、規則通りに変化する例外の単語：씻다（洗う）、웃다（笑う）、벗다（脱ぐ）など

◀» 419 「으」脱落

動詞・形容詞から「다」を取って、最後の文字にパッチムがなくて、母音が「一」の単語で요体を作るときは以下に注意！

 基本形が 2 文字の場合

1 基本形から「다」を取って、「—」が脱落

2 「-ㅓ요」をつける

쓰다 (書く・使う) ▶▶ 쓰 ▶▶ 써요 (書きます・使います)

크다 (大きい) ▶▶ 크 ▶▶ 커요 (大きいです)

 基本形が 3 文字で「一」の前の母音が「ㅏ, ㅗ」の場合

1 基本形から「다」を取って、「—」が脱落

2 「-ㅏ요」をつける

아프다 (痛い) ▶▶ 아ㅍ ▶▶ 아파요 (痛いです)

담그다 (漬ける) ▶▶ 담ㄱ ▶▶ 담가요 (漬けます)

모으다 (集める) ▶▶ 모ㅇ ▶▶ 모아요 (集めます)

 基本形が 3 文字で「一」の前の母音が「ㅏ, ㅗ」以外の場合

1 基本形から「다」を取って、「—」が脱落

2 「-ㅓ요」をつける

기쁘다 (嬉しい) ▶▶ 기ㅃ ▶▶ 기뻐요 (嬉しいです)

슬프다 (悲しい) ▶▶ 슬ㅍ ▶▶ 슬퍼요 (悲しいです)

不規則「르」

動詞・形容詞から「タ다」を取って、最後の文字が「ル르」のときは以下に注意！

注意

ヨ요体の場合

① 基本形から「다」を取って、「르」が脱落

② 脱落した「르」の前にある文字に、パッチム「ㄹ」をつける

③-1 脱落した「르」の前にある文字の母音が、「ㅏ,ㅗ」の場合「-라요」をつける

<ruby>빠<rt>ッパ</rt></ruby><ruby>르<rt>ル</rt></ruby><ruby>~~다~~<rt>ダ</rt></ruby> ▸▸ <ruby>빠<rt>ッパ</rt></ruby> ▸▸ <ruby>빨<rt>ッパル</rt></ruby> ▸▸ <ruby>빨라요<rt>ッパル ラ ヨ</rt></ruby>
(早い)　　　　　　　　　　　　　　　　　(早いです)

③-2 脱落した「르」の前にある文字の母音が、「ㅏ,ㅗ」以外の場合「-러요」をつける

<ruby>누<rt>ヌ</rt></ruby><ruby>르<rt>ル</rt></ruby><ruby>~~다~~<rt>ダ</rt></ruby> ▸▸ <ruby>누<rt>ヌ</rt></ruby> ▸▸ <ruby>눌<rt>ヌル</rt></ruby> ▸▸ <ruby>눌러요<rt>ヌル ロ ヨ</rt></ruby>
(押す)　　　　　　　　　　　　　　　　(押します)

		-니까/으니까 (DAY59) (〜たら・〜から)	-아/어 가지고 (DAY96・97) (〜て・〜から)	요体 (〜です・〜ます)
不規則 活用	<ruby>기<rt>キ</rt></ruby><ruby>르<rt>ル</rt></ruby><ruby>다<rt>ダ</rt></ruby> (飼う)	<ruby>기<rt>キ</rt></ruby><ruby>르<rt>ル</rt></ruby><ruby>니까<rt>ニッカ</rt></ruby>	<ruby>길<rt>キル</rt></ruby><ruby>러<rt>ロ</rt></ruby> <ruby>가지고<rt>ガ ジ ゴ</rt></ruby>	<ruby>길<rt>キル</rt></ruby><ruby>러<rt>ロ</rt></ruby><ruby>요<rt>ヨ</rt></ruby>
	<ruby>고<rt>コ</rt></ruby><ruby>르<rt>ル</rt></ruby><ruby>다<rt>ダ</rt></ruby> (選ぶ)	<ruby>고<rt>コ</rt></ruby><ruby>르<rt>ル</rt></ruby><ruby>니까<rt>ニッカ</rt></ruby>	<ruby>골<rt>コル</rt></ruby><ruby>라<rt>ラ</rt></ruby> <ruby>가지고<rt>ガ ジ ゴ</rt></ruby>	<ruby>골<rt>コル</rt></ruby><ruby>라<rt>ラ</rt></ruby><ruby>요<rt>ヨ</rt></ruby>
	<ruby>자<rt>チャ</rt></ruby><ruby>르<rt>ル</rt></ruby><ruby>다<rt>ダ</rt></ruby> (切る)	<ruby>자<rt>チャ</rt></ruby><ruby>르<rt>ル</rt></ruby><ruby>니까<rt>ニッカ</rt></ruby>	<ruby>잘<rt>チャル</rt></ruby><ruby>라<rt>ラ</rt></ruby> <ruby>가지고<rt>ガ ジ ゴ</rt></ruby>	<ruby>잘<rt>チャル</rt></ruby><ruby>라<rt>ラ</rt></ruby><ruby>요<rt>ヨ</rt></ruby>
	<ruby>오<rt>オ</rt></ruby><ruby>르<rt>ル</rt></ruby><ruby>다<rt>ダ</rt></ruby> (上がる・登る)	<ruby>오<rt>オ</rt></ruby><ruby>르<rt>ル</rt></ruby><ruby>니까<rt>ニッカ</rt></ruby>	<ruby>올<rt>オル</rt></ruby><ruby>라<rt>ラ</rt></ruby> <ruby>가지고<rt>ガ ジ ゴ</rt></ruby>	<ruby>올<rt>オル</rt></ruby><ruby>라<rt>ラ</rt></ruby><ruby>요<rt>ヨ</rt></ruby>
	<ruby>빠<rt>ッパ</rt></ruby><ruby>르<rt>ル</rt></ruby><ruby>다<rt>ダ</rt></ruby> (早い)	<ruby>빠<rt>ッパ</rt></ruby><ruby>르<rt>ル</rt></ruby><ruby>니까<rt>ニッカ</rt></ruby>	<ruby>빨<rt>ッパル</rt></ruby><ruby>라<rt>ラ</rt></ruby> <ruby>가지고<rt>ガ ジ ゴ</rt></ruby>	<ruby>빨<rt>ッパル</rt></ruby><ruby>라<rt>ラ</rt></ruby><ruby>요<rt>ヨ</rt></ruby>
例外(※)	<ruby>따<rt>ッタ</rt></ruby><ruby>르<rt>ル</rt></ruby><ruby>다<rt>ダ</rt></ruby> (従う・注ぐ)	<ruby>따<rt>ッタ</rt></ruby><ruby>르<rt>ル</rt></ruby><ruby>니까<rt>ニッカ</rt></ruby>	<ruby>따<rt>ッタ</rt></ruby><ruby>라<rt>ラ</rt></ruby> <ruby>가지고<rt>ガ ジ ゴ</rt></ruby>	<ruby>따<rt>ッタ</rt></ruby><ruby>라<rt>ラ</rt></ruby><ruby>요<rt>ヨ</rt></ruby>

※パッチムが「르」だが、規則通りに変化する例外の単語：따르다 (従う・注ぐ) など

「ㄹ」脱落

動詞・形容詞から「다」を取って、最後の文字に「ㄹ」のパッチムがあるときは以下に注意！

注意 1 「ㄹ」パッチムの後、子音が「ㄴ」「ㅂ」「ㅅ」から始まる文法の場合

例：-네요（DAY53）、-니까/으니까（DAY59）、-ㅂ/습니다体 など

① 基本形から「다」を取って、パッチム「**ㄹ**」が脱落

② 「싸다」と同様にパッチムがない扱いになる

ㄹ脱落

멀<s>다</s> (遠い)　▶▶　머　▶▶　머니까 (遠いから)

멀<s>다</s> (遠い)　▶▶　머　▶▶　멉니다 (遠いです)

規則（パッチムなし）

싸<s>다</s> (安い)　▶▶　싸　▶▶　싸니까 (安いから)

싸<s>다</s> (安い)　▶▶　싸　▶▶　쌉니다 (安いです)

注意 2 「ㄹ」パッチムの後、子音が「ㄹ」「ㅁ」「ㅈ」から始まる文法の場合

例：-려면/으려면（DAY67）、-면/으면（DAY71）など

① 基本形から「다」を取って、パッチム「**ㄹ**」が脱落

② 「싸다」と同様にパッチムがない扱いになる

③ パッチム「**ㄹ**」が復活

ㄹ脱落

놀<s>다</s> (遊ぶ)　▶▶　노　▶▶　노면　▶▶　놀면 (遊ぶと)

살<s>다</s> (住む)　▶▶　사　▶▶　사면　▶▶　살면 (住むと)

規則（パッチムなし）

싸<s>다</s> (安い)　▶▶　싸　▶▶　싸면 (安いと)

既に「ㄹ」パッチムがある場合は「ㄹ」が入る場所がないので、そのまま
で OK

例：-ㄹ / 을지 모르겠어요（DAY73）など

놀^{ノルタ} ▸▸ 노^ノ ▸▸ 놀지^{ノルチ} ▸▸ 놀지 모르겠어요^{ノルチ モルゲッソ ヨ}
(遊ぶ) (遊ぶか分かりません)

살^{サルダ} ▸▸ 사^サ ▸▸ 살지^{サルチ} ▸▸ 살지 모르겠어요^{サルチ モルゲッソ ヨ}
(住む) (住むか分かりません)

規則（パッチムなし） 싸^{ッサダ} ▸▸ 싸^{ッサ} ▸▸ 쌀지 모르겠어요^{ッサルチ モルゲッソ ヨ}
(安い) (安いか分かりません)

	-네요 （DAY53） （〜ですね・〜ますね）	-니까/으니까 （DAY59） （〜たら・〜から）	-면/으면 （DAY71） （〜たら・〜と）	-ㄹ/을지 모르겠어요 （DAY73） （〜か分かりません）
만들다^{マンドゥルダ}（作る）	만드네요^{マンドゥネ ヨ}	만드니까^{マンドゥ ニッカ}	만들면^{マンドゥルミョン}	만들지 모르겠어요^{マンドゥルチ モルゲッソ ヨ}
열다^{ヨルダ}（開ける）	여네요^{ヨ ネ ヨ}	여니까^{ヨ ニッカ}	열면^{ヨルミョン}	열지 모르겠어요^{ヨルチ モルゲッソ ヨ}
멀다^{モルダ}（遠い）	머네요^{モ ネ ヨ}	머니까^{モ ニッカ}	멀면^{モルミョン}	멀지 모르겠어요^{モルチ モルゲッソ ヨ}
길다^{キルダ}（長い）	기네요^{キ ネ ヨ}	기니까^{キ ニッカ}	길면^{キルミョン}	길지 모르겠어요^{キルチ モルゲッソ ヨ}

不規則「ㅎ」

形容詞から「다」を取って、最後の文字に「ㅎ」のパッチムがあるときは以下に注意！

注意 1 「으」から始まる文法と組み合わせる場合

例：-ㄴ/은데도（DAY78）、-ㄴ/은가요?（DAY79）など

1 基本形から「다」を取って、パッチム「ㅎ」が脱落

2 「싸다」と同様にパッチムがない扱いになる

ㅎ不規則	^{ハヤタ}하얗<del>다</del> (白い)	▶▶	^{ハヤ}하야	▶▶	^{ハヤンデド}하얀데도 (白いのに)
規則 （パッチムあり）	^{カッタ}같<del>다</del> (同じだ)	▶▶	^{カッ}같	▶▶	^{カトゥンデド}같은데도 (同じなのに)
規則 （パッチムなし）	^{ッサダ}싸<del>다</del> (安い)	▶▶	^{ッサ}싸	▶▶	^{ッサンデド}싼데도 (安いのに)

注意 2 요体の場合

1 基本形から「다」を取って、パッチム「ㅎ」が脱落

2 最後の文字の母音が「ㅏ, ㅓ」の場合「-ㅐ요」、
「ㅑ」の場合は「-ㅒ요」の形になる

^{ッパルガタ}빨갛<del>다</del> (赤い) ▶▶ ^{ッパルガ}빨가 ▶▶ ^{ッパルゲヨ}빨개요 (赤いです)

^{ハヤタ}하얗<del>다</del> (白い) ▶▶ ^{ハヤ}하야 ▶▶ ^{ハイェヨ}하얘요 (白いです)

	-ㄴ/은데도 (DAY78) （〜のに）	-ㄴ/은가요? (DAY79) （〜ですか？）	요体 （〜です・〜ます）
	^{オットタ}어떻다 (どうだ)	^{オットンデド}어떤데도	^{オットンガヨ}어떤가요?	^{オッテヨ}어때요
不規則 活用	^{トングラッタ}동그랗다 (丸い)	^{トングランデド}동그란데도	^{トングランガヨ}동그란가요?	^{トングレヨ}동그래요
	^{ッカマタ}까맣다 (黒い・真っ黒い)	^{ッカマンデド}까만데도	^{ッカマンガヨ}까만가요?	^{ッカメヨ}까매요
例外(※)	^{チョタ}좋다 (いい)	^{チョウンデド}좋은데도	^{チョウンガヨ}좋은가요?	^{チョアヨ}좋아요

※パッチムが「ㅎ」だが、規則通りに変化する例外の単語：좋다 (いい) など

日常会話でよく使う助詞

-는 / 은 (~は) | 前の文字にパッチムがないときは「는」、あるときは「은」

한국어는 배울수록 어려워요. (韓国語は学ぶほど難しいです。)

최애 얼굴은 주먹만 해요. (推しの顔はこぶしくらいです。)

-가 / 이 (~が) | 前の文字にパッチムがないときは「가」、あるときは「이」

이번엔 제가 낼게요. (今回は私が奢りますよ。)

반전 매력이 있기 때문에 인기가 있어요.
(ギャップがあるからモテます。)

-를 / 을 (~を) | 前の文字にパッチムがないときは「를」、あるときは「을」
注意：만나다・타다・좋아하다

한국 음식 중에서 불고기를 가장 좋아해요.
(韓国の食べ物の中でプルコギが一番好きです。)

오랜만에 고향 친구를 만나요.
(久しぶりに地元の友達に会います。)

옷을 크게 입는 편이에요.
(服をオーバーサイズで着るほうです。)

학교에 갈 때 지하철을 타요.
(学校に行くとき、地下鉄に乗ります。)

삼겹살에 상추를 싸 먹는 것을 좋아해요.
(サムギョプサルにサンチュを包んで食べることが好きです。)

-와 / 과 (〜と)

^ワ ^{クァ}

前の文字にパッチムがないときは「와」、あるときは「과」

지갑에 체크 카드와 신분증밖에 없어요.
^チ^{ガベ} ^{チェ}^ク ^カ^{ドゥ}^ワ ^{シン}^{ブン}^{ッチュン}^{バッ}^ケ ^{オプ}^ソ^ヨ

(財布にデビットカードと身分証明書しかありません。)

취미는 운동과 독서예요. (趣味は運動と読書です。)
^{チュイ} ^ミ ^{ヌン} ^{ウン}^{ドン}^{グァ} ^{トク} ^ソ ^エ ^ヨ

-하고 (〜と)

^ハ ^ゴ

집 근처에 편의점하고 카페가 있어요.
^{チプ} ^{クン}^{チョ}^エ ^{ピョ}^ニ^{ジョ}^マ^ゴ ^カ^ペ^ガ ^{イッ}^ソ^ヨ

(家の近くにコンビニとカフェがあります。)

언니하고 같이 한국에 가요.
^{オン}^ニ^ハ^ゴ ^カ^チ ^{ハン}^グ^ゲ ^ガ^ヨ

(お姉さんと一緒に韓国に行きます。)

-에 (〜に【時間・位置・方向】)

^エ

운동은 저녁에 합니다. (運動は夕方にします。)
^{ウン} ^{ドン} ^{ウン} ^{チョ} ^{ニョ} ^ゲ ^{ハム} ^ニ ^ダ

지금 집에 있습니까? (今、家にいますか?)
^チ ^{グム} ^チ ^ベ ^{イッ}^{スム} ^ニ^{ッカ}

콘서트에 가요. (コンサートに行きます。)
^{コン} ^ソ ^{トゥ} ^エ ^カ ^ヨ

-의 (〜の)

^エ

이별의 슬픔을 표현한 가사예요.
^イ ^{ビョ} ^レ ^{スル} ^プ ^{ムル} ^{ピョ} ^{ヒョ} ^{ナン} ^カ ^サ ^エ ^ヨ

(別れの悲しみを表現した歌詞です。)

저 아이돌은 여친의 최애예요. (あのアイドルは彼女の推しです。)
^{チョ} ^ア ^イ ^ド ^{ルン} ^ヨ ^チ ^ネ ^{チュェ} ^エ ^エ ^ヨ

-로 / 으로 (〜で【手段】)

^ロ ^ウ ^ロ

前の文字にパッチムがないときは「로」、あるときは
「으로」 注意：ㄹパッチムの場合「로」

보통 차로 출근해요. (普段、車で出勤します。)
^ポ^{トン} ^{チャ}^ロ ^{チュル}^グ^ネ^ヨ

숟가락으로 비벼서 드세요. (スプーンで混ぜて召し上がってください。)
^{スッ}^カ^ラ^グ^ロ ^ビ ^{ビョ} ^ソ ^{トゥ}^セ^ヨ

연락은 메일로 해 주세요. (連絡はメールでしてください。)
^{ヨル} ^ラ ^{グン} ^メ ^{イル} ^ロ ^ヘ ^{ジュ} ^セ ^ヨ

-에서 (〜で【場所】)

저는 호텔에서 일해요. (私はホテルで働いています。)

고속터미널에서 옷을 샀어요. (高速ターミナルで服を買いました。)

-에게 / -한테 (〜に・〜から【人】)

「에게」は書き言葉で、「한테」は話し言葉で、よく使うよ。

여친에게 꽃을 선물했어요. (彼女にお花をプレゼントしました。)

한국 사람에게 한국어를 배우고 있어요.
(韓国人から韓国語を習っています。)

선생님한테 칭찬을 들었어요. (先生に褒められました。)

한국인 친구한테 일본 과자를 보낼 거예요.
(韓国人の友達に日本のお菓子を送ります。)

-부터 (〜から【時間・場所】) / -에서 (〜から【場所】)

오늘부터 다이어트를 할 거예요.
(今日からダイエットをしようと思っています。)

집에서 회사까지 가까워요. (家から会社まで近いです。)

-까지 (〜まで【時間・場所】)

역까지 안 멀어요. (駅まで遠くありません。)

한 시까지 가야 해요. (1時までに行かなければいけません。)

🔊 424 最後までお疲れ様でした！
これからも勉強頑張ってください！

カン ミング

「Twoi 韓国語教室」主宰。韓国語講師として活動するかたわら
YouTuberとしても活躍し、登録者数は12万人（2024年1月時点）。某
国立大学卒業。在学中は、日本語や英語を中心に様々な言語を学ぶ。
自身の経験も生かしながら、韓国語をいかにわかりやすく教えるかを
日々研究している。著書に『100日でネイティブのように話せる韓国
語単語　音声解説付き』（KADOKAWA）、『ミング先生と スキマ時間
で韓国語レッスン』（アスク出版）がある。夢は新大久保に日本人と
韓国人が交流できる韓国語学校兼カフェをつくること。

イラスト/ miena
装丁・デザイン/山﨑綾子（dig）
校正/幡野泉・南嘉英（アイケーブリッジ外語学院）
音声収録/ ELEC
音声ナレーター/うにょん

100日でネイティブのように話せる韓国語文法
音声解説付き

2024年3月12日　初版発行

著者/カン ミング

発行者/山下　直久

発行/株式会社KADOKAWA
〒102-8177　東京都千代田区富士見2-13-3
電話 0570-002-301(ナビダイヤル)

印刷所/株式会社加藤文明社印刷所

製本所/株式会社加藤文明社印刷所

©Mingu Kang 2024　Printed in Japan
ISBN978-4-04-606412-7　C0087